円満字二郎著

人名用漢字の戦後史

岩 波 新 書

957

まえがき

人の名前には、使っていい漢字と、そうでない漢字がある。

このことを知っている人は多いに違いない。自分の子どもの命名の際、使いたい漢字が使えなかったという実体験を持っている人もいるであろうし、そうでなくても、親戚や友人のだれかがそういう体験を持っていたり、また、純粋に耳学問としてそのことを知っていたりする人もいるであろう。

ものごころがついたばかりのころ、たいていの子どもが一度は興味を抱くのは、自分の名前の由来である。そのことを親にたずねて、「ほんとは別の名前を考えていたんだけど、その漢字が使えなくてねえ……」などと聞かされた経験を持っている人も、少なくないのではないだろうか。

名前の漢字はなぜ制限されているのか。

これから私は、そのことについて語ろうと思う。ただし、勘違いしないでほしい。私は、そのことに賛成あるいは反対の立場から、その是非を論じようとしているのではない。語りたいのは、もうちょっと別のことだ。

名前の漢字制限の是非は、これまで何度も議論の種となってきた。しかし、その論争そのものは、実は、それほどおもしろいものではない。賛成の立場は、基本的には「名前は社会的な意味を持つものだから、あまりむずかしい名前を付けられては困る」という意見に集約される。一方、反対の立場は、これまた基本的には「名前を制限するのは、個人の自由の侵害だ」という意見に集約される。両者の対立は、社会と個人との対立であって、どちらに分があるというものではない。多くの場合、論争は水掛け論に終わるだろう。

しかし、名前の漢字制限も、時代とともに変転してきた。そもそも名前の漢字制限はどのようにしてスタートしたのか。人名用漢字という制度はなぜ必要とされたのか。それが数次にわたって改定されてきたのは、どのような事情によるものなのか。おのおのの改定を後押ししたのは、いったいどういう力なのか。

そういった歴史をたどっていくと、それぞれの時代が漢字に影響を与え、それに対して漢字が応えるようすが見えてくると、私は思う。そしてその中から、現代社会において漢字が持っている性格と、その果たしている役割が、見えてくるように思えるのだ。

それは、名前の漢字制限の是非をめぐる論争よりもはるかに重要で、おもしろい。漢字問題について扱った書物がたくさんあるのに、私がいま、名前の漢字制限をテーマとしたものを、わざわざ新しく付け加えようとする理由は、そこにある。


名前の漢字はなぜ制限されているのか。

この問題をたどっていくことを通じて、私が感じているおもしろみを、読者のみなさんにうまくお伝えすることができるかどうか。自信はあまりないが、とにもかくにも、取りかかってみることにしよう。

目次

〔注〕

本書では読みやすさを考えて、引用文は、原典の表記にかかわらず原則として新字体・新仮名を用いた。ただし、人名用漢字を列挙する部分など、字体そのものが問題となる部分では、原典の字体をできる限り尊重した。また、原典に振り仮名がない場合でも、著者の責任において適宜振った。

なお、登場する個人名の漢字についても、すべて新字体に統一した。本書のテーマからすればやや強引に感じられるかもしれないが、ご理解いただきたい。また、敬称は略した。

序章　すべての始まり

敗戦後の民主化改革は，戸籍制度にも大きな影響を与えた．1947 年 10 月，宮家も皇籍を離れて新戸籍を作成．（毎日新聞社提供）

1　戸籍法の改正

民主化の流れの中で

一九四七（昭和二二）年一一月二七日のことである。この日の午後一時から開かれた衆議院本会議では、最初の議事として、戸籍法の改正が議論されようとしていた。

この年の五月二〇日に新憲法の下で初めて召集された第一回特別国会の会期も、ようやく終わりつつあった。時の首相は、片山哲《かたやまてつ》。社会党の委員長として、新憲法下の最初の首相の栄誉を担った人物である。前任の首相であった吉田茂《よしだしげる》率いる自由党は、四月の衆議院選挙で敗北して第二党となり、下野していた。その結果、片山の社会党、芦田均《あしだひとし》の民主党、それに国民協同党を加えた三党による連立内閣が発足していたのである。

国会の会議録によれば、このとき、戸籍法改正政府原案の要旨説明をしたのは、衆議院司法委員会の理事であった、社会党の井伊《いい》誠一《せいいち》である。

「本案は、民法の親族、相続両編の改正に伴い必然的に戸籍法の全面的改正が必要となり、提出せられたものでありまして、その要旨をあげますれば、第一に、民法の改正による家の制度の廃止に伴い、新たに戸籍編製の基準として夫婦親子を単位とする方法をとっておりますが、……」

井伊の説明にあるとおり、片山連立内閣のもとでは、すでに民法の改正が行われていた。この改正では、第二次世界大戦敗戦以前の日本社会を特徴づけていた家父長的家族制度が廃止され、また、男女平等が法制化されるなど、民主主義の原則に基づいた大改正が行われた。日本の社会の構成単位は、家から個人へと変化することを求められていた。国家が国民を把握するシステムとしての戸籍制度も、それに伴って改正される必要があったのである。

戸籍法五〇条

井伊の説明によれば、戸籍法改正の理由は七つあるが、その六番目は、民法改正、家の制度の廃止とは直接の関係がなさそうに思われる、次のようなものである。

「第六に、当用漢字制定の趣旨に副《そ》うため、新たに子の名に常用平易な文字を使用せしめる規定を設け、かつ改姓名を比較的容易ならしめるための所要の改正が加えられております」

この説明の前半、「子の名に常用平易な文字を使用せしめる規定」とは、具体的には次のようなものである。

第五十条　子の名には、常用平易な文字を用いなければならない。
常用平易な文字の範囲は、命令でこれを定める。

この日の衆議院本会議では、この条文についての討論は全く行われないまま、戸籍法の改正は起立多数で可決されている。月が代わって一二月五日に開かれた参議院本会議でも、とくにこの条文が問題となった形跡はなく、改正戸籍法は全会一致で可決され、翌年一月一日から施行されることになった。

この戸籍法第五〇条で、子の名に使用できる文字を「常用平易な文字」に制限したことが、これから本書で扱おうとする、人名用漢字に関するあらゆる問題の始まりである。であるならば、その出発点として、この条文の趣旨について、もう少し詳しく見ておく必要があるだろう。敗戦後の民主化の流れの中で、家の制度の廃止とは関係がなさそうなこの条文は、どう位置づけることができるのだろうか。平たくいえば、「子の名には、常用平易な文字を用いなければならない」ということが、どのように「民主化」と関連してくるのだろうか。

その点を探る材料として、両院の本会議に先立って開かれた、それぞれの司法委員会での議論を覗いておくことにしたい。

まず、衆議院本会議の二日前、一一月二五日に行われた参議院司法委員会の会議録を見てみよう。ここで、司法省(現在の法務省の前身)民事局長の奥野《おくの》健一《けんいち》は、参議院議員の鬼丸《おにまる》義《ぎ》斉《さい》の質問に答えて、「子の名には、常用平易な文字を用いなければならない」理由を、大略、次のように説明している。

各方面からの要望

1　あまり常用されないようなむずかしい文字で名前の届け出があると、漢字を整理していこうという趣旨に反する。

2　漢字の制限を進めていく上で、地名および姓名において一番困っている。

3　以上の二点により、各方面から、是非こういう規定を設けてもらいたいという要望があった。

ここで明らかになるのは、戸籍法第五〇条の規定は、各方面からの要望に基づいて発案されている、ということである。「各方面」とは具体的にどういう方面なのかについては、後にまた考えることとしたいが、それが「漢字整理」「漢字制限」というキーワードで表される方面であることは、間違いなさそうだ。先に触れた衆議院本会議での井伊誠一の要旨説明にあった、「当用漢字制定の趣旨に副うため」というセリフも、関係してきそうである。つまり、「漢字整理」「漢字制限」＝「当用漢字制定」であり、それと「民主化」との関連を考えれば、この条文の趣旨に迫ることができそうに思えるのである。

常用平易な文字の範囲

ところで、戸籍法改正に関する国会での議論の中に、もう一つ、見ておきたいものがある。それは、戸籍法第五〇条の二項、「常用平易な文字の範囲は、命令でこれを定める」に関する議論である。

参議院司法委員会で奥野健一が、「子の名には、常用平易な文字を用いなければならない」理由について説明をするさらに三日前、二二日の衆議院司法委員会でも、戸籍法の改正が審議されている。この会議録を見ると、衆議院議員の石川金次郎《いしかわきんじろう》が、この「命令」とはいかなるものかについて問いただしているのが目につく。この石川の質問に対して、奥野は、それは政令ないし省令で出ることになる、と返答している。

ここで注意しなくてはならないのは、「政令」とは、内閣が発する命令であり、「省令」とは、各省庁が発する命令だ、ということである。これに対して、戸籍法は、国会が制定する「法律」であって、その制定のプロセスが違うのである。

つまり、国会議員が審議した上で成立する戸籍法では、子どもの名前には「常用平易な文字」を用いることにしなさい、ということだけが規定されていて、では「常用平易な文字」とは具体的にどのようなものかという点については、唯一の立法機関である国会ではなく、官僚を中心とした行政サイドで決定するしくみになっているのである。

実はこの点が、人名用漢字のその後に大きな意味を持ってくるのであるが、それはさておき、その実際の規定とは、戸籍法の改正に少し遅れて一九四七（昭和二二）年一二月二九日に、司法省令として制定された戸籍法施行規則の第六〇条で、その条文は次のとおりである。

第六十条　戸籍法第五十条第二項の常用平易な文字は、左に掲げるものとする。
一　昭和二十一年十一月内閣告示第三十二号当用漢字表に掲げる漢字
二　片仮名又は平仮名（変体仮名を除く。）

ここに至って、「常用平易な文字」とは当用漢字・片仮名・平仮名である、という定義が行政サイドによってなされたことになる。そのことを押さえた上で、「漢字制限」や「当用漢字」について、簡単に見ておくこととしたい。

2　漢字制限と国語政策

国語政策と国語審議会

「漢字制限」とその具体的な産物である「当用漢字」とは、ふつう、「国語政策」と呼ばれる一連の政策の一つとして位置づけられる。そこで、漢字制限のことを理解しようとすれば、当然、国語政策から始めなくてはならないのだが、この国語政策なるものは、明治の文明開化のころに始まる長い歴史を持っている、論ずるにはきわめて厄介な代物である。

「政策」ということばが表すとおり、国語政策の主体は、国家である。もう少し具体的に言うと、かつての文部省、現在の文部科学省ということになる。しかし、国語政策を立案するにあたって、文部科学省はそれを、文部科学大臣(あるいは文部科学省の外局である文化庁の長官)からの諮問という形で、いわゆる有識者からなる外部機関に委託する。その諮問に対して返事をすることを答申というのだが、諮問を受けてその答申を行うのが、かつての国語審議会、現在では改組されて文化審議会国語分科会と呼ばれている機関である。

つまり、国語政策の具体的な主体は、国語審議会であるわけだ。この国語審議会も、細かく見ていくといろいろと紆余曲折の歴史があるのだが、ここでは置いておく。次に考えたいのは、当用漢字が制定された当時、国語審議会のメンバーがどんな問題意識の下に国語政策に取り組もうとしたか、ということだ。そもそも、なにゆえに「国語」に対して「政策」という手段で干渉する必要があると考えたのだろうか。

国語政策の問題意識

一九四九(昭和二四)年に国語審議会が発表した「国語問題要領」という文書がある。フランス文学者であり、国語審議会の中心メンバーの一人であった中島健蔵《なかじまけんぞう》によれば、この文書は、「国語の実状と、問題の所在をはっきりさせ、それに対してどんな対策があるかを明らかにするため」に作成されたものだという。

一九五一(昭和二六)年、中島は、この文書について解説した『国語問題要領解説』というパンフレットも著している。そのパンフレットの「まえがき」の中に、次のような一節がある。

日本のことばは、明治以来、少しずつではあるが、やさしくわかりやすい表現のほうに変ってきた。新しい内容を表現するために新しいことばを作らなければならない場合にも、なるべくわかりやすいことばを考えるようになってきている。知識が少数の人間だけの持ちものでなくなり、文字を読んで理解する権利がだれにでもあるようになっていく以上、これは当然のことである。

ここに現れているように、日本語をやさしくわかりやすいものに変えていこうという考え方、それが明治以来の国語問題の一つの軸であった。「知識が少数の人間だけの持ちものでなくなり、文字を読んで理解する権利がだれにでもあるようになっていく」ためには、日本語は、やさしくわかりやすい表現へと変化していかなければならない、というのだ。

歴史的に見ると、この考え方の背景には、次のような事情がある。明治維新以来、欧米の圧倒的な文明を前にして、日本は急速に国力を鍛える必要があった。その中心である経済力を強化するために、国民の一人一人が、より有能な働き手となることが要請された。そのためには、国民の教育を充実させる必要があり、さらにそのためには、一部の知識人だけではなく、国民のだれもが使いこなせる、わかりやすい国語を整えなければならないのだ。

明治以後、国語を改善しようとした人々の論理は、おおむね、以上のようなものであったと思われる。彼らの思いは、それが果たされなくては国家が植民地化されてしまう、といったような、かなり切迫した時代の要請であった。そして、それは国家を主体とした「政策」でなければ、実現不可能なものだったのである。

この切迫した危機感は、やがて一つの潮流を形づくることになる。それをここでは、後世の用語に従って「表音派」と呼んでおこう。だれもが使いこなせる、わかりやすい国語であるためには、書きことばと話しことばという側面からすると、目で見てすぐに発音できることば、耳で聞いてすぐに書き記すことができることばでなければならない。日本でそれまで使われてきた仮名遣いは、現在、私たちが「歴史的仮名遣い」「旧仮名遣い」として知っているもので、書いてある通りに読んでも現代語としては正しい発音にはならないし、その逆もまた真である。これを改めて、発音をそのまま表す表音式の仮名遣いにすること、それが表音派の第一の主張である。

表音式仮名遣いと漢字制限

しかし、仮名遣いよりももっと大きな問題がある。それが、漢字である。現在に至るまで、長い間使われてきた日本語の書き表し方は、漢字と仮名を交えて書く「漢字仮名交じり文」と呼ばれる方法である。しかし漢字は、表意文字と呼ばれることがあるように一定の意味を表してはいるが、読み方は一定していないことが多い。これを放っておいては、目で見てすぐに発音できることばにもならないし、耳で聞いてすぐに書き記すことができることばにもならない。かくして表音派は、漢字の使用を制限しようと考えることになる。

この二つの主張を論理的に敷衍していくと、漢字を撤廃してすべてを表音式の仮名遣いで書き表すのがよい、というところに行き着くことは自明であろう。その際、仮名を使うこともやめてしまって、ローマ字を使うのが国際的だ、という意見が出てくるのも十分理解できよう。ただし、そういった彼らの理想郷に対して、非常に強い反発を覚える人々がいるであろうことも、容易に想像できるであろう。

表音式仮名遣いや漢字制限に反対する人々のことを、ここではやはり後世の用語に従って、「表意派」と呼んでおこう。表意派の主張の根拠は何か。さまざまな立場があるのであろうが、最も理論的なものは、歴史的仮名遣いも漢字仮名交じり文も、日本語の長い歴史の中で編み出されたもので、その特質に合った合理的なものだ、とするものである。そして、それを放棄することは、伝統との断絶、文化の破壊につながる。それはすなわち、欧米の文化的植民地になることにほかならないのではないか。

かくして、表音派と表意派とは、「自立した国家」というものを間に挟んで対峙を続けることになったのである。

表意派と民主化

その状況に変化をもたらしたのは、第二次世界大戦の敗戦であった。GHQ（連合国軍総司令部）の主導の下、日本国憲法の制定を始めとした一連の民主化がスタートしたのである。もともと、表音派の掲げる「だれにでも使いこなせる国語」とは、国語を民主化しようという主張であった。時代の勢いを得て、彼らは国語審議会に結集して、彼らの「民主化」をなしとげようと邁進することになった。

そのころの彼らの考えを具体的に見ておこう。まずは、歌人であり、国文学者であり、ローマ字論者としても知られ、後に国語審議会の会長を務めることになる土岐善麿《ときぜんまろ》が一九四七（昭和二二）年に著した『国語と国字問題』からの一節である。

軍閥のおこした戦争に国家がやぶれて、はげしい苦難が国民におわされた以上、国民は、その責任を追究する一方、新しい時代への態勢をすみやかにととのえて、ふたたびこういうおそろしい運命におちいらないように、政治・経済・財政・産業等々のあらゆる方面から、「戦争」を放棄すると同時に、平和国家・文化国家をうつくしく、しっかりと建設するために、ことばの民主化を実現しなければならない。

ここに現れている「ことばの民主化」という考え方を、漢字に対して激しい調子でぶつけたのは、中国語学者として著名であり、国語審議会の委員でもあった倉石武四郎《くらいしたけしろう》であった。やや後のことになるが、彼は一九五二(昭和二七)年に『漢字の運命』と題する書物を出版する。近代化・民主化とともに漢字は滅びる運命にあると主張するこの書は、当時、大きな衝撃をもって迎えられた一冊であるが、その中で彼は、次のように述べている。

近代化が進むにつれて中国も日本も漢字の追放に多くの精力を費した。従来の封建的社会を改革するためにはその封建社会に養われ、またそれを培ってきた漢字を追放しなければならなかった。漢字は封建社会と切っても切れない関係があるというのである。

倉石にとって、漢字はそのむずかしさのゆえに、封建社会において一部の人間のみが知識を占有するための道具として働いたのであり、それゆえ、近代的・民主的社会にあっては「追放」されなくてはならないものなのであった。

「当用漢字表」の制定

表音派の人々は、一九四六(昭和二一)年一一月一六日、「現代かなづかい」と「当用漢字表」を内閣訓令・告示として公布することに成功する。「現代かなづかい」は、一部の例外はあるものの原則において表音式仮名遣いを定めたものであり、「当用漢字表」は、日本語における漢字の使用を、原則として一八五〇字の枠内に制限しようとするものであった。

これらが「内閣訓令・告示」として公布されたことには、大きな意味がある。「内閣訓令」とは、内閣がすべての官庁に対して発する命令であり、以後、官庁が作るすべての公文書は、「現代かなづかい」「当用漢字表」の両者に従わなければならないことになった。「内閣告示」とは、国民に対して内閣が、これに従ってほしいという意思を表明するものである。強制力はないものの、法律の一種のように国民に受け取られたとしても、不思議ではない。

日本国憲法がGHQに押しつけられたものだという議論があるのと同様に、「現代かなづかい」や「当用漢字表」も敗戦後の混乱に乗じて制定されたものだという批判がある。特にそれが、内閣訓令・告示という、一種の強制力を伴って実施されたことは、この時期の「ことばの民主化」が、「上からの民主化」という性格を強く持っていたことをあらわに示すものであった。

3　事件への序曲

さて、以上のように見てくると、「子の名には、常用平易な文字を用いなければならない」という改正戸籍法第五〇条の規定は、同じく戦後の民主化改革の産物であった戸籍法改正と漢字制限とが、クロスオーバーする地点に生まれたものである、と理解することができるだろう。国語政策の側からすれば、人の名前も国語の一部にほかならない。「ことばの民主化」を実現するために、国民の名前を管理している戸籍というシステムの協力が必要だったのである。

戸籍法と「当用漢字表」

戸籍法の側からすると、民法の改正による「家の制度の廃止」とは無関係な漢字制限を、その内部に取り込まなければならない必然性はなかったであろう。しかし、その協力要請が、もう一つ上の次元で、日本社会の民主化のために必要であるという理由付けがなされていたのであるから、要請を断ることなど考えられなかったであろう。先に、戸籍法第五〇条が「各方面からの要望」に基づいて制定されたということを見たが、それはこのような事情を指しているものと考えてよさそうである。
そのあたりの事情をはっきりと示す記録はないようだ。しかし、時代はだいぶ後になるが、一九七九(昭和五四)年に国語学者の武部良明《たけべよしあき》が著した『日本語の表記』の中に、戸籍法が名付けの漢字制限をするようになった理由について、次のような興味深い記述がある。

もう一つの理由は、国語審議会関係者が漢字の制限について強く要望したことである。人名だけでなく、地名についても何らかの制限を設ける方向が考えられていることを取り上げ、とりあえず新たに生まれる子の名だけでも制限したいというのがその趣旨であった。それは、非公式ではあったが、当用漢字表に始まる新たな国語政策への協力を要請するものであった。

武部がどんな資料に基づいてこの部分を書いたのかは、私にはわからない。しかし、武部は長い間、衆議院に関係する仕事をしていた人物である。彼が「非公式ではあったが」と言いながらもこのような書き方をする以上、内部文書なり関係者の証言なり、なんらかの事実に基づいたと見てまず問題あるまい。

そのようにして生まれた「子の名には、常用平易な文字を用いなければならない」という規定が具体化されるにあたって、「常用平易な文字」の範囲として、片仮名・平仮名に加えて「当用漢字表」を選択したことは、なんら驚くにはあたらない。片仮名・平仮名が常用平易であることは、だれしも異論はないであろう。そして「当用漢字表」は、なんといっても国語政策をつかさどる国語審議会の答申に基づく、内閣訓令・告示である。戸籍法が国語政策からの要請に応えようとするとき、「当用漢字表」に従ったのは当然のことであった。

「当用漢字表」と固有名詞

しかし、ここに大きな落とし穴が待っていた。「当用漢字表」とは、その「まえがき」によれば、「法令・公用文書・新聞・雑誌および一般社会で、使用する漢字の範囲を示したもの」である。そして「この表の漢字で書きあらわせないことばは、別のことばにかえるか、または、かな書きにする」ことになっていた。ところが、同時にその「まえがき」に、次のような一項があったのである。

一、固有名詞については、法規上その他に関係するところが大きいので、別に考えることとした。

つまり、一八五〇字からなる「当用漢字表」は、その範囲内に漢字を制限することを強く志向していながら、固有名詞に関しては、「別に考える」つもりでいたのである。これでは、戸籍法施行規則第六〇条で、子の名に用いることができる文字として「当用漢字表」の漢字を定めたことと、矛盾してしまうのだ。

そもそも、国語審議会のメンバーたちは、「当用漢字表」と固有名詞の関係をどのように考えていたのだろうか。その点については、「当用漢字表」が内閣訓令・告示として制定されて間もない、一九四六(昭和二一)年一一月二四日付『朝日新聞』の「声」欄に掲載された、国語審議会幹事長の保科孝一《ほしなこういち》の「新しい漢字表」という文章にある、次のような一文が参考になる。

> 固有名詞は別に考えることになっているので、見なれた岡、阪、函、伊、藤、彦などははいっていません。

ここに列挙された漢字を眺めてみると、「岡」「阪」「函」は、その並びから見て地名に使われる漢字の例としてよいだろう。次の「伊」「藤(藤)」は、これも並びからして名字に使われる漢字の例と見るのが妥当だと思われる。最後の「彥(彦)」は、「弥彦」などの地名に使われることもあるだろうが、この配列から考えると、どうしても、地名でも名字でもなく、下の名前に使われる漢字の例だと考えざるを得ないであろう。したがって、「当用漢字表」が「別に考える」としていた固有名詞の中に下の名前が含まれていたことは、ほぼ確実であると見てよい。その証拠に、当用漢字の中には、「彦」のみならず、「弘」「浩」「也」「昌」など、下の名前として頻繁に使われる漢字の多くが、含まれていなかったのである。

ある衆議院議員の苦い経験

改正戸籍法は一九四八(昭和二三)年一月一日から施行され、当用漢字以外の漢字を子の名に用いることはできないとする規定も、実効力を発揮することとなった。しかし、これまで見てきたような矛盾を抱えていた以上、実際の名付けにおいて不満が出てくるのは当然のことであった。

その声は、早くも同年の半ばには、国会にまで届くようになる。七月二日、衆議院文化委員会において、自由党衆議院議員の佐々木《ささき》盛雄《もりお》は、文部省の釘本《くぎもと》久春《ひさはる》に対して、次のような発言をしている。

「たとえば子供が産れると赤ちゃんの名前を役場に届けにいく。そうすると係員が、これは当用漢字ではないといって受けつけないのであります。現に私はそういう苦い経験をもっておる。これについて、どういう見解をもっておるか」

佐々木盛雄は、一九〇七年生まれであるから、この時、四十代に入ったところ。ここに出てくる「赤ちゃん」が何人目の子かは知らぬが、四十代になってもうけた子は、格別かわいかったに違いない。かわいいわが子のために一生懸命考えた名前が戸籍窓口で拒否される、という構図は、佐々木のみならず多くの日本人が経験していたことに違いあるまい。

これに対して、文部省の釘本は、「産れる子供の名前のつけ方は、戸籍法の問題であります」と答えるのであるが、これは戸籍法と当用漢字との間にある矛盾を、公に認めたものにほかならない。さらに続けて、釘本は言う。

「私もその点についてはまったく素人でございますが、固有名詞については、当用漢字の制定のことに当っておりますす私どもの部局では、はずしてある。それは当用漢字の前書にもあります」

国語政策は、戸籍行政に対して「漢字制限」への協力を要請したにもかかわらず、自分たちは関係ないというのである。これでは、戸籍法で子の名前に用いることができる漢字を制限したことについて、遠からず大きな議論がわき起こることは必至であったと言えよう。

この年の九月、神奈川県に住むある夫婦のもとに、一人の女の子が誕生した。それがやがて、国会や新聞を通じて、広く社会を巻き込んで展開された、名前の漢字制限に関する騒動の端緒となったのである。

第一章　人名用漢字の誕生

学齢に達した戦後ベビーブームの子どもたち．二部授業の午後組が廊下で待つ風景も(1954年)．彼らは，名付けの漢字制限を受けた最初の世代でもあった．(毎日新聞社提供)

1　蓄積された不満

ベビーブームの中で

一九四八(昭和二三)年は戦後のベビーブームのまっただ中であった。この年に生まれた子どもは約二七〇万人。単純に考えると、その両親の数は、二七〇万の倍の五四〇万人ということになるが、一年のうちに二人の子どもを授かるケースもないとはいえないし、そのほかにもいろいろと複雑な事情のあるケースもあるだろうから、だいたい五〇〇万人の父親・母親が、自らの子の誕生を経験したとしておこう。

そうすると、祖父母まで含めるとして、誕生した子の命名に関与した人間の数はどれくらいになるだろうか。五〇〇万人の父親・母親の両親は一〇〇〇万人となるが、なにしろ終戦直後のことであるから、これまた種々の事情を勘案して、そこからかなりの数を差し引かなくてはならない。それでも、父親・母親・祖父母を合わせて、この一年間に命名に関与した人の数は、少なくとも一二〇〇〜一三〇〇万人にはなるであろう。

ところで、明治安田生命の調査によれば、その前年、一九四七(昭和二二)年に生まれた子どもの名前のうち、数が多かったものは、次のようになっている。

	1位	2位	3位	4位	5位	6位	7位	8位	9位	10位
男	清	稔	博	進	弘	修	茂	和夫	勇	明
女	和子	幸子	洋子	美智子	節子	弘子	恵子	悦子	京子	恵美子

これらのうち、傍点を付した「稔」「弘」「智」の三文字は、当用漢字一八五〇字の中に入っていない。戸籍法改正は翌一九四八年一月一日から施行されているから、この年を最後に、子どもの名前として、これらは受け付けられなくなったのである。

しかし、戸籍法が改正されたからといって、子どもの名付けに対する国民の好みがすぐさま変化するとは考えられない。だとすると、一九四八年に新しく生まれた子どもの命名に関与した、少なくとも一二〇〇万人のうち、下手をすると数十万の人々が、自分の好みの名前が当用漢字にないという失望を味わったのではないだろうか。序章の最後に紹介した、衆議院文化委員会で自らの「苦い経験」を吐露した佐々木盛雄も、その一人だった、というわけである。

繰り返される「苦い経験」

この状況は、翌年も翌々年も、基本的には大差なかったと想像される。もちろん、一度「苦い経験」をした人は、二度目、三度目はそれを避けようとしたに違いない。しかし、そういった賢明な人の数よりも、改正戸籍法の下で初めて出生届を出す人の数の方が多かったであろうし、「弘」で一度苦い経験をした人が、二度目は「稔」で同じ経験を繰り返す、という可能性も少なくないのである。

序章の最後に触れたとおり、一九四八(昭和二三)年の九月に、神奈川県に住むある夫婦の家に、女の子が誕生した。この夫婦は早速、この子に「瑛美《えみ》」と名付けて、出生届を提出した。「瑛」とは、水晶を意味する漢字である。なかなか凝った名付けであるし、先に掲げた前年のベスト・テンと比較しても、当時としてはずいぶんモダンな名前だということがわかる。

しかし、その届け出は、受理されなかった。ほかでもない、「瑛」が当用漢字ではなかったからである。

翌年の一二月、この夫婦は再び女の子を授かった。今回考えた名前は、「玖美《くみ》」である。「玖」とは、黒色に輝く宝石を表す漢字である。

「瑛」で一度苦い経験をしていたこの夫婦は、今度はそれを避けようとは考えなかったのであろうか。そうでもあるまい。証書などにおいて金額の改変を防ぐために、「一」の代わりに

「壱」を、「二」の代わりに「弐」を用いることがある。「玖」という漢字は、同様に「九」の代わりに用いられることがあるのである。水晶を表す以外に用途のない「瑛」と比べれば、はるかに「常用平易」であると考えたのであろう。

けれども、「玖」も当用漢字ではなく、今回も届け出は受理されなかった。苦い経験は繰り返されたのである。同じような経験をした夫婦は日本全国、ほかにもたくさんいたに違いない。しかし、この夫婦だけが違っていた点が一つある。一九五〇(昭和二五)年三月、彼らは、この出生届を不受理としたことは憲法違反であるとして、横浜家庭裁判所に訴え出たのである。

一九五〇年二月七日の「天声人語」

この時点では、神奈川のこの夫婦の訴えは、それほど世間の耳目を集めていたわけではなかったと思われる。しかし、同じ時期、人名に使える漢字の制限問題について、別の動きもまた起こり始めていた。その一つは、『朝日新聞』の「天声人語」が、この問題を取り上げたことである。

一九五〇年二月七日付の『朝日新聞』の第一面は、さまざまな記事で埋めつくされている。そのうちのいくつかの見出しを拾ってみよう。まず、「ソ連の長期目標は日独」「水爆、ソ連で完成説」といった、この年の六月に始まる朝鮮戦争を予感させるものがある。「天皇問題で米を非難　ソ連評論家」というのは、天皇の戦争責任を問わないアメリカに対するソ連の非難であり、これも冷戦の激化を感じさせる。その裏には、前々年の一二月にA級戦犯七名の死刑執行が行われるとともに、その他のA級戦犯が釈放され、連合国による戦争責任の追及が一段落したという事情がある。「国会共闘、給与問題に声明〝ゼネスト態勢で闘う〟」というのは、前年から始まっていた労働運動への締めつけを反映したものだろう。一方で、「日本工業水準戦前に達す」というのもある。

「民主化」を合いことばに前進してきた戦後の日本社会は、さまざまな意味で、その最初の曲がり角を迎えつつあったのである。

こういった記事の一番下、私たちもよく知っている位置に当時から「天声人語」はあった。この日の書き出しは、次のようになっている。

森鷗外はその子らに於菟《おと》、杏奴《あんぬ》、茉莉《まり》などとむつかしい名前をつけた。味わいはあるが、正しく読んでくれる人はあまりない▼人間の名は本来やさしい字に越したことはない。しかし、コレコレの字以外は名前に付けてはいけないなどと、法律で禁ずる国は日本以外にはあるまいここまでを読んでわかるように、天声人語子は、人名に使える漢字を法律で制限することに、真っ向から反対である。続く文章には、「人をバカにした話である」とか「こんなアホウなことはない」などといった非難のことばが並ぶ。現在の「天声人語」を読み慣れた私たちからすると、ちょっと過激すぎないかと心配したくなるようなことば遣いである。

三月に横浜家裁へ訴え出るまで、神奈川の事件が広く知られていたとは考えにくい。とすれば、天声人語子は、この事件とは無関係にこの問題を取り上げたのではないだろうか。

暴力と娯楽

もう一つ、人名に使える漢字が制限されていることに対する不満を表明した文章を見ておこう。それは、同年八月一四日付の『読売新聞』に掲載された、評論家の亀井《かめい》勝一郎《かついちろう》の「暴力と娯楽」という一文である。

亀井によれば、当時の社会には「目だつ暴力」と「目だたぬ暴力」があふれているという。「目だつ暴力」の代表例は、前年の七月から八月にかけて起こった、下山定則《しもやまさだのり》国鉄総裁が轢死体となって発見された下山事件を始めとする、鉄道関連の一連の事件である。そして一方の「目だたぬ暴力」の代表例として挙げられているのが、国語政策なのである。

亀井は、「漢字制限、新仮名ヅカイといえば、これも知らぬまに決められたという意味で一種の暴力だ」とした上で、次のように述べる。

戦時中、日本の政府は、朝鮮人に対してなかば強制的に日本名をつけるように仕むけた。こんなことは忘れている人が多いが、一民族にとってこれほどの屈辱はあるまい。私は戦争罪悪の筆頭に数えたいくらいだ。今後の日本人は制限内でしか名をつけられない。国辱である。

こちらも、天声人語子を上回る激しいことば遣いである。名付けの漢字制限に対する不満は、社会に広く存在していたのである。

この不満を如実に伝える動きは、やや遅れて別の方面からも、社会の表面に現れてくることになる。それは、実際に出生届を受理したり拒否したりしている、戸籍事務担当者の側からの動きである。

戸籍事務を担当する人々

全国の戸籍事務担当者たちで作る「全国連合戸籍事務協議会」という団体がある。その筋では略して「全連」というそうであるが、この略称では、関係者以外には何の団体なのかさっぱりわかるまい。本書では、この略称は採用しないでフルネームで言及することとしたい。

一九五〇年一〇月一八日、東京都千代田区三崎町にある日本大学法文学部の大講堂において、全国連合戸籍事務協議会の第三回総会が開催された。この協議会が編集しているその名も『戸籍』という雑誌の一七号（一九五一年一月）には、この日は「空はくまなく晴れ渡って高く澄み、絶好の秋日和」であり、「ここ日大に参集する全国の戸籍実務家は、都電三崎町、国電水道橋駅より延々として連り、その数六百名を超え」たとある。ちょっとオーバーな表現ではあるが、民主日本の建設の一翼を担う戸籍実務家たちの気概が現れていて、好感が持てよう。

第一日は午前一〇時三〇分から、優秀吏員表彰式をもって幕を開けた。この日の記録には、法務長官の祝辞や、ＧＨＱ公衆衛生統計課長フェルプス氏なる人物の挨拶があったりして、ふだん戸籍実務家たちの世界になじみのない私たちにとって、なかなか興味深いのだが、本書のテーマとは関係がないので、残念ながら割愛しよう。問題とすべきなのは、翌日の第二日、第二部会にて宮崎県連合戸籍事務協議会から提出され協議された、次の問題である。

　子の名に使用する文字について、従来広く使用されていた文字を増加されるように要望する。

子の名に用いることができる漢字を当用漢字のみとする制度は、発足からわずか三年を経ずして、その末端を担う戸籍実務家たちから、改善を求められることとなったのである。

戸籍実務家たちの要望理由

宮崎県の戸籍実務家たちは、なぜこのような要望をしたのだろうか。提案理由を見てみよう。

旧法において全く名の文字については制度がなかったために、奇異なものも相当あり、多種多様であった。しかし届出によって効力を生じておるために、国民としては不自由もなかった。新法において文字を制限されたことは、一応もっともな点も認められるが、戸籍法の規定によると常用平易な文字とあって、従来広く使用される文字中にも平易な文字が相当あることは論を俟《ま》たない。

興味深いのは、制限がなかった時代でも「国民としては不自由もなかった」としている点である。戸籍実務の立場からすると、名付けの漢字制限に対して受け身であったことが、よくわかる。戸籍事務担当者たちから見れば、名前の文字制限は、方向として間違ってはいないが、緊急を要すると感じられる課題ではなかったのだろう。

そういう認識に立った上で、彼らが問題だとしているのは、やはり、戸籍法第五〇条の定める「常用平易な文字」と、当用漢字との乖離である。そしてたとえば次に掲げるような漢字を増加するように要望するのである。

弘　宏　彦　鶴　藤　寅　尚　辰　虎　也　昌　哉　浩　鹿　伊　嘉　巖　毅　亀　磯　錦　駒　桂　亭　杉　之　淳
庄　晋　甚　須　靖　齋　仙　惣　猪　相　敦　奈　稔　彌　輔　亮　綾　呂　熊　佑　睦　畩　崎　玲　蔦　蝶　悌

彼らは、これら五四文字は、「最も国民から親しまれていた文字で、現に届出に際して届出る向《むき》も相当ある現状である」という。わが子の誕生で喜びに満ちた親たちの届け出を、実際に拒絶せざるを得なかった幾多の経験が、そこに反映されているのであろう。

この提案は、議論の結果、出席一一七名の第二部会のうち、一一六名の賛成、一名の反対をもって、法務府(先の司法省が改組されたもの)および文部省に対して要望することが決議されたのである。

この要望が、実際に法務府および文部省に届いたのは、それからしばらく経ってからのことであったと思われる。その際、五四文字のうち、「相」はすでに当用漢字に含まれていたので削除され、五三文字という形で要望されたようである。

この動きは、法務府や文部省の周辺の人々にも伝えられたに違いない。一一月に入ると、新聞紙上に、名付けの漢字制限についてその是非を問う論説が、ちらほらと見られるようになってくる。世間の注目は次第に集まりつつあった。その中で、一二月、横浜家裁は神奈川事件の不服申立てを却下した。納得がいかない両親は、東京高裁へと抗告する。こうした動きが一つの流れとなって、一気に社会問題化する日は、もう間近に迫っていたのである。

2 事件は国会へ

無籍、無権利の日本人

年が明けて、一九五一(昭和二六)年。九月にはサンフランシスコ講和条約が調印されて、連合国による日本の占領が終わりを告げることになるこの年の一月一六日、「天声人語」は、再び名前の漢字制限の問題を取り上げた。

ある人一児を得て、当用漢字表にない字の名をつけて出生届をしたが、市役所では受理してくれない。やさしい文字に変えたらどうかと妥協をすすめられたが、この父親は他の名

はどうしてもいやだといい張って、この子は無籍となった

なかなか印象的な書き出しである。のっけから具体的な事実で押してくる。そこが約一年前にはなかったところで、そこからしても、天声人語子は、あのときにはまだ神奈川の事件は知らなかったのだと考えてよいように思う。

この具体性は、読み進めるにつれてさらに鋭さを増す。この父親が家庭裁判所に不服申立てをし、それが却下され、高等裁判所への抗告となったことを述べた後、天声人語子は次のように語る。

その子は昭和二十三年九月生れだが、この争いで戸籍にはのらず、法律上は無名無籍の日本人となっている▼そのため三年越し一切の配給を受ける道がなく、近所に伝染病が流行っても予防注射や種痘の通知も一度もこないそうである。

このくだりは切実である。敗戦直後からこの時期に至るまで、日本国民は物資の不足に悩まされ、配給を受けられないということは死活問題であった。また、衛生環境が整っている現在

とくらべて、伝染病の恐怖は比較にならないほどおそろしいものであったろう。

最高裁まで争うといっているが、そこでも敗訴すれば、将来学齢に達しても義務教育就学の権利もなく、選挙権、被選挙権も与えられぬことになり、当用漢字のため一生を無籍、無権利の日本人として不幸な扱いをうけることになる

ここへきて、具体性は未来予想にまで及ぶことになった。この日の「天声人語」は、読者にかなり強い印象を与えたことであろう。そして、最後に天声人語子は、次のように結ぶのである。

当用漢字表というものはそれほど絶大なるものか。これでも施行規則は違憲ではないか、というのがこの意固地な父親の主張である。どちらが正しいか、世論の批評をききたい。

「天声人語」の反響

反響は大きかったようである。五日後、一月二一日の「天声人語」では、五十数通の投書が寄せられたと報告されている。ただし、賛否は両論であったようで、

「愛児を無籍にして争うのはツムジ曲りで親権の濫用であり、愛児のため大きな気持で妥協せよ」というような意見もあったという。

もちろん、天声人語子がより大きなスペースを割いているのは、名前の漢字を「当用漢字表」で制限することに反対の意見である。それらはたとえば「名はやさしいに越したことはないが、愛情の表現を法でしばるのは暴政である」とか、「漢字制限の精神は賛成だが圧迫的に自由を認めない方法は政治の無理な横車だ」のように、いたずらに難解な名付けには反対だが、政府にそれを強制されるのはいやだ、という語調が目立つ。

しかし、注目すべきは、この日の結びである。

当用漢字表は固有名詞の面からも文化の内容の上からも一日も早く再検討の必要があろう。

ここで天声人語子は、名前の漢字を「当用漢字表」で制限することに対する批判を超えて、「当用漢字表」そのものへの批判へと、一歩踏み出しているのである。

それはそれとして、一月一六日の「天声人語」によって神奈川の事件が全国的に紹介されたのをきっかけとして、『朝日新聞』以外でも、名前の漢字制限の問題が取り上げられることになった。次に、それらの中から、のちに『産経新聞』に合流する、『時事新報』の「波」という投書欄に掲載された投書を見てみることにしよう。

唯一無二の漢字

二月三日付の同欄に掲載された問題の投書は、福島県で農業を営む人物からのもので、「非当用漢字〝弘〟」と題されている。彼は、長男の子、つまり孫の名前を、「代々の農家であるし、米を作ることは社会奉仕になるのだから」、願わくば農業を営んで欲しいという願いをこめて、「現内閣の農林大臣は県出身という広川弘禅《ひろかわこうぜん》氏でもある」ことにあやかって、「弘」と命名しようとした。

村役場へ行って届けると、係が「待った、それはダメだぞ」とケンもホロロだ。理由をきくと「当用漢字というものを、法律できめているでナ。当用漢字でない字を使ってはなンねェことになってる。話をきけば面白い名だが…どうだンベェ、広川の〝広〟にしたらえェぞ」

「弘」も「広」も、発音してしまえばどちらも「ひろし」である。漢字が持つ意味にも大差はない。村役場の係が言うとおり、どちらにしても農林大臣にあやかることもできる。しかし、それでもこの人は不満なのである。彼にとって、「弘」は、他のいかなる漢字でも置き換えることができないのである。

このエピソードには、名前の漢字を制限することの問題点が、非常によく現れていると思う。命名者の多くにとって、自分の選んだ漢字は、他の漢字では置き換えがきかない、唯一無二の漢字なのだ。名前の漢字を制限することは、その唯一無二性を圧迫することになるのだ。

名前の漢字の問題は、まさしく社会問題化しつつあった。この流れは二月六日、ついに国会にまで波及することになる。

一九五一年二月六日、衆議院予算委員会

二月六日の衆議院予算委員会は、午前一〇時三六分に始まった。午前中は、自由党の北沢直吉《きたざわなおきち》議員によって、いよいよ迫りつつあった講和後の主権回復の問題や、朝鮮戦争に絡んでの対外貿易の問題、そして主権回復後、愛国心はいかにあるべきか、といったような質問が延々と行われた。

午後に入っても、当時の世界情勢と関係した質問がこれまた延々と行われたのであるが、それも終わりに近づいたころ、おそらく午後四時ごろになって、自由党の川端佳夫《かわばたよしお》議員が質問に立った。川端は開口一番、午前中の北沢直吉の質問を引きつつ、文部大臣に対して次のように尋ねた。

「愛国心の高揚が切実に叫ばれておる現今でありまするから教育は国のものであるという立場から、かつての国民精神総動員的なああいう方式はもちろんとらざるところでありまするけれども、何か具体的にもう少し突き進んだお考えはないかどうかという点をまず第一点として伺っておきます」

時の文部大臣は、哲学者であり、教育家でもあった天野《あまの》貞祐《ていゆう》である。文部大臣としては、道徳教育の重要性を訴え、ちょうどこのころ、戦前の学校教育科目である修身科を復活させようとして、物議をかもしていた。川端の質問に対して、彼は「愛国心というものは、非常に場合によりますと間違った方向に行きやすいので、そういう点を十分注意して」指導していきたい、と答えている。

川端佳夫は、愛国心の問題については軽く切り上げて、次の質問に移った。それは、漢字制限の問題に関する質問であった。

川端佳夫の当用漢字批判

川端に言わせれば、漢字制限には矛盾が多い。

「例を申し上げますと、「一銭也、二銭也」の「也」が制限をされておる。あるいは「悠々自適」の「悠」が制限をされておる。あるいは「尚更」の「尚」が制限をされておる。あるいは「弘」という字も制限漢字、「宏」も制限漢字、あるいは「彦左衛門」の「彦」も制限漢字、あるいは「伊藤博文」の「伊」も「藤」も制限漢字、それから「岡崎官房長官」の「岡」も「崎」も制限漢字、あるいは「靖国神社」の「靖」も制限漢字、あるいは「被害甚大」という「甚」さえも制限漢字なのであります」

この列挙の仕方から見ると、川端は一般的な漢字制限の「矛盾」から始めて、次第に固有名詞における漢字制限の「矛盾」へと進んでいったようだ。そこで話が次のように展開するのも、当然のことであった。

「しかもこの字を固有名詞に使えない。名前に使えないために子を持つ親がしばしば当惑されておることは、あるいはお聞き及びのことと思います」

そして、そのために起きている「大きな悲劇」の一例として、明らかに先の「天声人語」を念頭に置いて、次のように述べるのである。

「これが制限漢字だというのでこれをつっぱって、訴訟問題にまで持って行っておる例もあるそうです。ところがその間に配給がもらえないということで、実際に人間がいながら配給がもらえないという悲劇になっておるような問題もあるそうであります」

だから「制限漢字を緩和し、当用漢字を拡張する」考えはないか、というのが、川端佳夫の質問の要点であった。「天声人語」の場合は、名前の漢字を「当用漢字表」で制限することへの批判から当用漢字そのものへの批判へと進んだのであったが、川端の場合は、当用漢字を批判する論拠として、名前の漢字制限の問題を持ち出したのである。

これに対して、天野文部大臣はどう答えたか。

天野文相の切り返し

「ただいまおっしゃったことは、私も平生感じておることでございます。ただしかし一般の漢字制限については、これは専門家の研究したことでございますから、私はにわかにそれをどうするということを言いかねますけれども、なおよく研究してもらいたいと思います」

天野は川端の批判にまず同感の意を表明してみせた上で、問題を「一般の漢字制限」と「名前の漢字制限」の二つに分けた。そして前者については「なおよく研究してもらいたい」とさらりと流した上で、次のように続けるのである。

「ただ名前についてはいかにもおっしゃる通りで、私もあれではどうかという考えを持っておりますので、これもよく研究してもらって何とか緩和しなければいけないという考えを実は持っております」

つまり、川端の質問に対して、その核心であるはずの当用漢字批判については答えず、名前の漢字制限の問題についてのみ、譲歩を示したのである。あっさりと譲歩された以上、川端としてもこの問題をこれ以上掘り下げることはできなかったし、文部省の問題である当用漢字への批判を、法務府も関係してくる戸籍法の問題とすりかえてしまったわけで、たくみな切り返しであったと言うことができるであろう。

国会でのこのやりとりは、翌日以降、新聞各紙で報道されて、さまざまな議論を呼ぶことになる。

文部省と法務府の反応

まず、翌日の二月七日、『朝日新聞』は「〝名前は制限を緩める〟　当用漢字　天野文相が言明」という見出しの下、衆議院予算委員会でのやりとりを伝え、「戸籍法の一部を改正する準備がすすめられている」と結んでいる。

しかし、そのさらに翌日の二月八日に『時事新報』が報道した内容は、これとは少し違っている。同紙は「具体的には未定　名前の当用漢字制限緩和」という見出しを立て、次のような文部省の談話を掲載した。

この問題はどちらかといえば法務府の所管だから、法務府あたりから正式に戸籍法の改正といったことで当用漢字の制限緩和を持ちこまれればこちらとしては国語審議会を開いて正式にこれを取上げることになろうが、いまのところそういう具体的な動きはないまた、同時に掲載された法務府のコメントは、次のようなものである。

> 戸籍法の一部改正がいろいろ議論されていることは知っているが、事務当局としてはまだ具体的には何も決定していない

つまり、こちらに従えば、戸籍法の一部を改正する準備など、全く進んでいないことになるのである。情報源が違うとこうなるのか、それとも『朝日新聞』の勇み足であったのか。この時点では、行政側はこの問題をあまり切実には受け止めていなかったのかもしれない。

沸騰する世論

しかし、世論はそうではなかった。二月の八日から二四日にかけての二週間余りだけで、この問題に関連した新聞記事は、私が目を通し得た範囲だけでも一三編に上る。ここで、そのうちのいくつかを眺めておこう。

「天声人語」でこの問題の火付け役となった『朝日新聞』は、一六日付の「文化日本の国語の為に」と題する社説で、「子供の名前のことから直接当用漢字の是非を論ずるのは、むしろ筋違いであろう」としながらも、当用漢字の「この四年間の経験は、再検討の必要を痛感させ

ているのである」と訴えている。

一方、「私は当用漢字のワクの中でもよい名前は十分につけることが可能であると考えている一人である」と一種の信仰告白めいた宣言をするのは、『読売新聞』二〇日付の「編集手帖」である。「当用漢字のワクの中でよい名がえられないということは、その親の文字感覚の欠乏を意味する」と、他人に対しても厳しい。ちなみに、「編集手帖」が当用漢字に従って「編集手帳」となるのは、一九五三(昭和二八)年八月一日からである。

『毎日新聞』の「余録」が一三日に展開した主張は、ちょっとユニークだ。全国連合戸籍事務協議会の五三字の要望を紹介して、「このくらいの字を加えてもかくべつ漢字制限の堤が切れるというわけでもあるまい」といい、さらに「名前は漢字制限よりも寧《むし》ろ一切カナにすることも一案であろう」とぶち上げてみせる。

いわゆる有識者の意見としては、第一次吉田内閣の国務大臣で、法学者の金森徳次郎《かなもりとくじろう》が、一二日付の『読売新聞』に、法律による制限には反対の立場を表明している。また、当時の著名なコラムニスト、高田保《たかたたもつ》は、『東京日日新聞』に連載していた「ブラリひょうたん」の二四日の回でこの問題を取り上げて、国語国字問題は日本人の生活そのものの問題かもしれないと述べている。このほか、一般人の投書もいくつか見ることができる。

調べのついた新聞は、当時、日本で発行されていたすべての新聞のうちのごく一部に過ぎない。用紙の規制もあって、新聞が原則二面、多くて四面しかなかったこの時代、私の目にした一三編という数字だけでも、かなり多くの人がこの問題に関心を持っていた証拠だと言えるのではないだろうか。

戸籍法小委員会の設置

この状況を受けて動き出したのは、衆議院の法務委員会であった。行政が動かないのならば、立法が動こう、というわけである。現実に名前の漢字を当用漢字に制限しているのは、最初に見たように戸籍法施行規則である。これは、もともと司法省令であって、それを変更する権限を持つのは、司法省が改組されて生まれた法務府である。国会ではない。しかし、戸籍法施行規則はあくまで戸籍法の施行規則でしかない。親玉であるところの戸籍法を改正してしまえば、施行規則は問題ではなくなる。そして、戸籍法を改正する権限を持つのは、国会なのである。

衆議院の法務委員会が、二月一六日、戸籍法小委員会を設置したのは、まさにこの点を突いたものであった。同日に開かれた第一回の小委員会では、早くも戸籍法改正について三つの案が出されたと、一八日付の『読売新聞』は伝えている。その三案とは、要約すれば次のようなものであった。

1　常用平易な文字を用いなければならないが、祖先の名の文字を用いるのは可とする。
2　常用平易な文字の範囲を定めた条文を削除し、制限を撤廃する。
3　当用漢字を再検討して、人名自由の立場から若干の文字を増減する。

以後、戸籍法小委員会はこの三案をベースに検討を進めていく。しかし、その内容よりも、衆議院が戸籍法改正へ向けて動き出した事実そのものが、行政サイドとの対立を生むことになるのである。

3　国語審議会、乗り出す

国語審議会と戸籍法小委員会との接触

名前の漢字問題が、広く社会問題となっていく間、漢字制限の大本である国語審議会は、何をしていたのだろうか。

この問題に対する国語審議会の最も早い反応は、私の調査の限りでは、国会会議録の中から拾い出すことができる、次のようなものである。

一九五一(昭和二六)年二月二一日の衆議院法務委員会の会議録の末尾に、翌二二日、戸籍法小委員会を開くという告知が載っている。他の会議録と合わせて考えると、これは「広く各方面の人名漢字の権威者の陳情を聞く」ために開かれた、第二回の戸籍法小委員会であったようだ。後の三月二七日に行われた衆議院法務委員会の会議録には、この小委員会には、国語審議会からも某氏が出席し、「当用漢字表」制定の経緯について説明、「人名漢字については、現在まで少しも着手していないと説明した」と、記録されている。

この戸籍法小委員会との接触を通じて、国語審議会側はどのような感触を持ったのだろうか。やはり三月二七日の法務委員会の会議録は、この第二回戸籍法小委員会の後、国語審議会より次のような申し入れがあったと伝えている。

一、当用漢字は終戦後官庁文書、新聞雑誌等に使用されているのに、今人名漢字に例外を許すことによりその一角からくずれて行っては困る。
二、国語審議会にて人名特別部会をつくり、四月末までに責任をもって人名漢字別表をつくる予定である。これを考慮に入れて立法してほしい。

三、漢字問題は戸籍法だけでなく、各方面に影響があるから、漢字の追放解除という見地だけでなく、各方面の影響を考えて慎重に考慮してほしい。

この記録は、当時の国語審議会の考えていたことを外側から伝えているものとして、重要であろう。

法務府・文部省の思惑

この問題について国語審議会が公的に動き出すのは、三月に入ってからのことである。当時の国語審議会は、漢字部会・話しことばの部会など五つの部会に分かれて活動していたが、三月二日に開かれた部会長会議では、名前の漢字の問題を総会で取り上げる方がよいとの判断が下された。

この動きとは無関係に、衆議院法務委員会の検討は着実に進んでいた。三月八日、第三回の戸籍法小委員会が開かれ、具体的な戸籍法の改正案について審議がなされたのである。一方の国語審議会の総会は、一日遅れて九日に開かれたが、その冒頭で、文部省の原敏夫《はらとしお》国語課長は、第三回戸籍法小委員会について、次のような報告をしている。

「昨日開かれた小委員会の空気には、戸籍法の常用平易な文字を用いることだけを残してあとは削るという第1案と、法律を改正し、平易な文字のわくを示すことは示すがわく以外の字をつけたいものに対しては拒否権を用いず注意権に変えようという第2案とがある。一般的に言って第1案を支持する空気が強い」

第1案とは、常用平易な文字の具体的な範囲は示さない案であるから、実質的には制限撤廃に等しい。しかし、原課長が続けて、

「法務庁の民事局は、野放しにしては困るから何か事務処理上の基準がほしい、と言っている」

と報告しているところから見ると、少なくとも法務府(法務庁とあるのは誤植か?)サイドでは、第1案では困るのである。そしてさらに、

「法務委員会がどの案に決めるとしても、直接当用漢字につながる問題だから、国語審議会が人名漢字表について早急に審議していただきたいと思っている」

と原が述べているところからすると、文部省としても、第1案は歓迎できないものであったことを、うかがい知ることができよう。このとき、法務府と文部省＝国語審議会の利害は、一致していたのである。

国語審議会の危機感

さて、時の国語審議会会長は、序章で少し登場した土岐善麿である。土岐のこの問題に対するこの日の第一声は、次のようなものであった。

「この問題は戸籍法施行規則だけの問題ならそっちで扱えばよく、審議会では触れなくてよいという考えもあるかもしれないが、問題が当然当用漢字に及んでくることだろうし、固有名詞のことは当用漢字制定当時別に考えるとあるのに、まだ考えていないということもあるので、わたくしは審議会では取り上げたほうがいいと思う」

先の戸籍法小委員会への申し入れ以来、文部省＝国語審議会サイドに一貫して見られるのは、この問題は当用漢字にも及んでくる、という意識である。しかし、この問題が最初に国会で取り上げられたとき、天野文部大臣は、問題を名前に関することに限定することによって、当用漢字本体への批判を封じたはずではなかったのか。実際、戸籍法小委員会であろうが法務委員会であろうが、改正できるのは戸籍法までであって、内閣訓令・告示である「当用漢字表」は、その権限の及ばないところに守られていたのである。

それではなぜ、国語審議会は、この問題が当用漢字にまで及んでくることを恐れたのだろうか。そこには、国語審議会のメンバーの一人、東京地方裁判所判事の千種達夫《ちぐさたつお》の発言に見られる、次のような認識があるのだと思われる。

「国会あたりでは当用漢字に対して非常に認識が不足している。そして当用漢字そのものに対して反感をもっているから、今回名づけ文字の問題も当然当用漢字そのものにも関係してくることを考慮しておいてもらいたい」

「へそのお」は許せない！

当用漢字の制定以後、このころまでの国会会議録には、当用漢字に対する国会議員の認識不足を伝えるようなできごとが、いくつか見受けられる。その中の一つに、一九四八(昭和二三)年六月二四日に行われた衆議院厚生委員会での、「保健婦助産婦看護婦法案」の審議をめぐる次のようなやりとりがある。

同法案第三七条の「助産婦がへそのおを切り、かん腸を施し、その他助産婦の業務に当然附随する行為をなすことは差支ない」という条文について、自身が産婦人科医でもあった福田《ふくだ》昌《まさ》子《こ》議員は、次のような意見を述べた。

> 小学校の生徒が使うような「へそのお」というような言葉を使われるということは、はなはだ私どもにとりまして心外であります。早速御訂正願いたいと思います。

福田によれば、制度として「専門学校または大学程度の教育機関を経た人でなければなれない」助産婦に対して、厚生省がこのようなことば遣いをするということは、「その根柢《こんてい》において助産婦というものを非常に軽視し」ており、「そうした精神的な軽蔑の気持をまず第一に払拭してもらいたい」というのである。

しかし、対する政府委員の答えは、漢字制限によるものでしかたがない、というものであった。従来、法律では「へそのお」でなく「臍帯《さいたい》」を用い、「かん腸」はきちんと「浣腸」と書いていたのであるが、「臍」「浣」は当用漢字にないので使えないのである。

ここに現れているのは、福田が当用漢字をよく知らなかったという事実だけではない。福田にとっては、「臍帯」を単純に「へそのお」に置き換えることはできないのだ。置き換えた瞬間に、まるで軽蔑されているかのような気持ちにさえさせられるのだ。

名付けの漢字に唯一無二性とも呼ぶべき性格があることは、「弘」の例で見た。それと同じような性格が、「へそのお」をめぐっても窺われないだろうか。つまり、ある漢字や、ある漢字で書かれたことばは、他の書き表し方では置き換えができないという唯一無二性を持ちうるのだ。この性格は、名付けという局面のみならず漢字一般に見られるものであり、漢字制限は、それと対立するものであったのだ。そしてその対立は、国会の内外を問わず、広く社会的に顕在化しつつあり、それがために国語審議会は、「当用漢字表」そのものについて、強い危機意識を持っていたのである。

一九五一（昭和二六）年三月九日の国語審議会総会に話を戻そう。いま述べたような危機意識を持っていたにもかかわらず、この日の総会の議論はあまり実りの多いものではなかった。決まったことはと言えば、固有名詞部会を新設して、そこでこの問題を議論する、ということだけである。部会長には、日本国憲法の解釈で有名な憲法学者であり、国語審議会で副会長を務めていた宮沢俊義《みやざわとしよし》が就任した。

法務委員会との約束

この総会の直後、土岐と宮沢は衆議院の法務委員会を訪ね、話し合いを持った。そのことは、四月に開かれた次の総会の冒頭で、宮沢から次のように報告がなされている。

「そのとき、法務委員会から、法律で名づけ文字を制限することはやめたい。その方法としては、当用漢字表を基準にして常用平易な文字を用いなければならないという注意はするが、強制はしないという方法と、野放しにするという二つの論があり、けっきょく前者が強いという話であった。そこでわたくしと会長とがいろいろ説明して、休会前の国会で一挙に決めてしまうようなことはしないでくれとはっきり申し入れておいた。法務委員会側ではだいたい了承してくれた」

この一九五一年、四月には統一地方選挙が予定されていた。その期間、国会は自然休会となる。法務委員会がその前には結論を出さないということは、休会明けの五月まで、二か月の猶予があることになる。この返事に安心した国語審議会のメンバーは、三月一三日から固有名詞部会を開いて、この問題を検討することになった。

固有名詞部会の動き　国語審議会固有名詞部会での検討で、当初、対象となったのは、次の三つの案であったという。

1　「当用漢字表」の内部に、人名に用いる漢字を追加する。
2　「当用漢字表」の外側に、人名に用いる漢字を追加する。
3　「当用漢字表」に増減を加えて、人名に用いる漢字だけを集めた表を別個に作る。

この中で、結局2の案が採用されることになるのであるが、その理由について、はっきりした記録はない。1が採用されなかったのは、「当用漢字表」による漢字制限を守らねば、という危機意識からすれば当然の選択だったろう。問題は、なぜ3ではなく2を選んだのか、である。

「当用漢字表」制定時、固有名詞は別に考えるとしながら、固有名詞用の表は一向に作成される気配はなかった。そもそものことが、今回の事態を招来したのだ。にもかかわらず、彼らはいまだなお、固有名詞用の表を作ろうとしない。それは、国語審議会は「当用漢字表」と並ぶ二枚目の表を、作りたくはなかったからなのではないか。それさえも、当用漢字の譲歩となってしまうと考えていたからなのではないだろうか。

ともあれ、固有名詞部会は2の方針に従って、具体的な字の選定作業に入った。記録によればその際の資料として次のようなものが使われたようである。

A 一九四一(昭和一六)年に国語協会が一〇、〇〇〇名を調査して作った『標準名づけ読本』
B 文部省国語課が、東京都の電話帳から二五、六三〇名を調査した資料
C 文部省国語課による、東京都内の小・中・高等学校女子生徒の名まえ調査
D 一九四八(昭和二三)年に国立国語研究所が行った「日本人の読み書き能力調査」の被調査者名に現れた、漢字の出度数調査
E 朝日新聞社用語改善委員会の調査
F 全国連合戸籍事務協議会から提出された五三字

これらのうち、前もって存在していたことが確実なのはAとFだけで、その他はおそらく今

回のために行われた作業であったろうから、コンピュータのない時代、かなりの労力を費やしたことと思われる。

大部の資料と格闘していた固有名詞部会の面々にとって、三月二四日から翌日にかけての新聞報道は、寝耳に水であったに違いない。

法務委員会、制限撤廃へ

衆議院で審議を続けていた戸籍法小委員会の新しい動きをいちはやく伝えたのは、『読売新聞』の夕刊紙として発行されていた『夕刊読売』であった。三月二四日、同紙は「人名の制限緩和　法案決る」として、同日行われた戸籍法小委員会で、戸籍法第五〇条の改正案が決定されたことを伝えたのである。それによれば、同条には新たに次のような第三項が付け加えられるとのことであった。

三　市町村長は出生の届出において子の名に前項の範囲外の文字を用いてある場合においては届出人に対してその旨を注意することができる、但し届出人がこれに従わなくともその届出を受理しなければならない

『夕刊読売』に続いて、翌二五日の朝刊紙各紙も、そろってこの改正案を報道した。この案

は、実質的には制限の撤廃である。そして国語審議会にとってさらに驚きだったのは、この案が二七日の法務委員会で正式決定される予定だと、各紙が伝えていたことであった。そしてその報道どおり、この改正案は法務委員会を通過して、衆議院本会議の議事に付される運びとなったのである。

世論は制限撤廃を支持

これに対する世論の反応はどうであったか。『朝日新聞』の「天声人語」が二九日、「実際的で常識的な判断だ」と評価したのは、これまでの同紙の主張から見て、当然であろう。しかしここで注目しておきたいのは、『夕刊時事新報』の二八日の社説である。同紙は、先に挙げた『時事新報』が同年三月一日から、夕刊紙として再スタートしたものである。タイトルは「命名の制限を削除せよ　個人の私事に立入り過ぎる」。その冒頭は次のように始まる。

> 人名に読み易い文字を以てすることの望ましいのは云うまでもない。しかし其故《それゆえ》にこれに用いる文字を法律で制限したり、禁止したりするのは法律の行過ぎである。親が子の名をつける自由までも、法律で干渉するのは、余りに個人の私事に立入り過ぎるものである。

この社説は、中段に及んで次のように述べる。

法律を以てすれば何事でも行われると信ずるものは、ファッシストか、しからざれば法律万能主義者である。

さらに終わり近くに臨んでは、次のように厳しいことばが並ぶ。

今度国会でそれを改正すると云うが、それでも尚「常用平易な文字を用いなければならない」として、依然制限主義を固守している。其《その》思想がそもそも法律専制の間違いを脱しないものである。

『夕刊時事新報』の主張は、衆議院法務委員会も国語審議会もひっくるめて、敵に回すものである。国語の民主化を願ってきた国語審議会はここで、「ファッシスト」との批判を受けることになったのである。

しかし、国語審議会から見れば、法務委員会の行動の方が、裏切りと映ったに違いない。この状況に対して、国語審議会はいかなる対応を見せたのか。

衆議院本会議を通過

戸籍法改正案は、二七日には衆議院法務委員会を通過したとはいえ、まだ本会議にはかかっていない。自然休会に入るまでのあと数日をしのげば、とりあえず一か月の時間がかせげる。そのために彼らが頼りとしたのは、参議院の文部委員会であったと思われる。そこには、漢字制限論者の大物、「当用漢字表」制定の中心人物の一人であり、小説家として現在でもよくその名を知られている山本有三《やまもとゆうぞう》(本名、勇造)がいたのである。

水面下の交渉であったろうから、きちんとした記録はみつからないのであるが、おそらく山本を中心とする参議院文部委員会のメンバーが、衆議院の文部委員会に依頼したのであろう。衆議院文部委員会は二九日、衆議院法務委員会に対して、この問題についての連合審査の開催を申し入れることを決定した。

ところが翌三〇日の衆議院文部委員会の会議録は、午前一一時三九分から始まった委員会の冒頭で、委員長代理の佐藤重遠《さとうじゆうえん》衆議院議員の次のような報告を記録している。

「昨日の委員会におきまして協議決定いたしました戸籍法の改正に関する件について法務委員会に連合審査申入れの件でありますが、その後協議の結果、すでに戸籍法は本日の本会議の議事日程に加えられておりますので、連合審査会は、すでにその時期を失したのであります」

万事休す、であった。この日の午後一時から開催された衆議院本会議で、戸籍法第五〇条の改正案は、異議なしで可決されたのである。自然休会に入る二日前のことであった。

4　国語審議会、怒る

自然休会の間に

戸籍法一部改正案が自然休会前に衆議院で可決されたことは、しかし、国語審議会にとって幸いであった。これから見ていくように、一九五一(昭和二六)年四月の一か月間、国語審議会内部の議論は混乱していたが、その同じ時期、自然休会によって参議院での議論は全く停止していたため、情勢は膠着状態にあったからである。もし改正案の可決が自然休会後であったとしたら、それを受けて国語審議会が混乱している間に、参議院での議論がどんどん進んでいたに違いない。

固有名詞部会は、情勢の変化に対応して、方針の転換を余儀なくされた。当初は、「法務委員会の参考になるようなもの」を作ろうとして作業していたのだが、それを「国語審議会の態度をはっきりさせた文部大臣への建議案」作成へと変更したのである。当時の国語審議会は、文部大臣の諮問に対して答申するほかに、文部大臣に対して自発的に建議を行う役割も与えられていた。その機能を生かそうというわけだ。

しかし、具体的にどういう文字を人名用として認めるかについては、議論がまとまりにくかったようだ。資料に基づいて選び出された漢字は九二字。最初はそのうちの二一字のみを認めようとしていたようである。しかし、それでは少な過ぎないか、という反対意見が出る。そこで、四五字に増やそうという案もあったようだ。また別個に、そもそも人名用の追加表は作らない方がよいという、議論の蒸し返しも行われたらしい。それらが八七字案に落ち着き、建議案の文面も整えられて、ようやく総会に提出されたのは、四月二三日のことであった。

この日の『朝日新聞』は、興味深い記事を掲載している。

戸籍法の改正案は休会前の衆院を通過、休会開けの参議院で審議されることになっているが、国語審議会では衆議院の案は今の国語政策を根本的にくつがえし、文化政策全体に重大な影響を及ぼすというのできょう二十三日の同審議会総会で「今後の審議に慎重を期せられたい」との申入れを発表する。

この記事はおそらく、国語審議会の中心メンバーが事前に流した情報を元にして書かれたものだろう。彼らは、二三日の総会で、文部大臣への建議が、多少の修正はあるとしても、採択されることを確信していたのだ。

東京高裁、決定を下す

その確信の背景には、客観的に見て、彼らを後押しする風が吹きはじめていたという事情があった。それは、四月九日、例の神奈川の事件に対して、東京高裁の決定が下されたことであった。その決定書の内容を見てみよう。

名のつけかたについて文字を限定することは自由の制限であることは明らかである。だからといって直ちに憲法に反するとはいわれない。憲法が国民に保障する自由は絶対無制限ではない。それは常に公共の福祉のために必要な制限に服するものであって、憲法第十三条からもこれをうかがい知ることができる。

憲法第一三条とは、「すべて国民は、個人として尊重される。生命、自由及び幸福追求に対する国民の権利については、公共の福祉に反しない限り、立法その他の国政の上で、最大の尊重を必要とする」というものである。

そこで問題は、名づけ文字を制限することは公共の福祉のために必要であるかである。名は名づけられる当人のものであると同時に社会のものである。かりに、人がはなれ島にひとりでくらすならば、名の必要はない。

ここから議論は、社会的なものである名に、「珍奇難解な文字」を用いれば、「他人の利益」を害する、と発展していく。その具体例がふるっている。

たとえば、新聞官報その他印刷にあたり、名のためにのみ多数の活字を用意し、もしくは活字を作る設備をしておかなければならないという社会的不経済があり、モノタイプとかライノタイプを利用することを、不能ないしは著しく困難ならしめ、印刷の能率を害し、タイプライターの利用など書類作成の機械化をさまたげて、公私の事務処理の能率を害し、電信、電話、ラジオによる通信の能率を害し、かつ、まちがいをおこす原因となるなど、要するに社会生活の能率を害すること多大である。

この長い一文のほとんどが、同語反復によって成り立っているような気がするのは、私だけだろうか。ほとんど、広い意味での印刷の能率の問題なのである。

かようなわけであるから、名づけ文字をある範囲に制限することは公共の福祉のために必要であると認められる。

つまり、戸籍法第五〇条および同施行規則第六〇条は、憲法違反ではないとされたのである。この決定書は二〇日に関係者に送付され、一般社会に周知されたのは、国語審議会の総会が開かれた二三日付の『朝日新聞』が最初であった。

空転する国語審議会

この決定に追い風を感じながら、国語審議会の中心メンバーは、四月二三日の総会に臨んだはずだ。しかし、議論は彼らの思惑とは違った展開を見せることになる。

この日の議事録を見ると、最初に実質的な発言をしたのは、小説家であり、文芸家協会理事長でもあった舟橋聖一《ふなはしせいいち》であった。彼は文筆をなりわいとする者として、「当用漢字では非常に不便であることを痛切に感じている」から、人名についても同じだと表明した上で、東京高裁の決定に触れて、次のように述べた。

「公共の福祉ということばは公益優先ということと紙一重であり、われわれとしては、ファシズムを感じる」

少し前に、国語審議会が『夕刊時事新報』によって「ファッシスト」呼ばわりされたことに触れたが、ここでは、東京高等裁判所もファシストとされたのである。これに応じたのは、宮沢俊義副会長であった。

「公共の福祉を持ち出して、うんぬんすることはファシズムのはじまりであると言われたことは、確かにわれわれは警戒しなくてはいけないが、今回衆議院で一挙にひっくり返したことに、それこそファシズムのはじまりを感ずる。この問題は逆なのではないか」

今度は、衆議院もファシストである。ファシズムの嵐だ。衆議院への反感は、固有名詞部会の一員であった、国語学者の時枝誠記《ときえだもとき》の次のような発言からも、ありありと伝わってくる。

「衆議院でああいう処置をとったことに対して、部会のとった態度を総会はどう考えるか。（中略）衆議院に対して国語審議会はなにを要望するのか」

また土岐会長には、「衆議院が国語審議会にしょい投げをくわせた」という発言もある。

しかし、彼らの怒りをメンバー全員が共有していたわけではない。舟橋聖一の怒りの矛先がむしろ東京高裁であったのは言うまでもないし、国語教育学者の石黒修治《いしぐろしゅうじ》は、建議案提出には後ろ向きの発言をしている。言語学者の金田一京助《きんだいちきょうすけ》も、積極的に怒ってはいない。

議事録から見る限り、この日の総会は、衆議院に対する怒りと、法律で国語を制限することのよしあしという問題に足を取られて、空転してしまったように思われる。結果として、土岐会長や宮沢副会長の確信とは裏腹に、文部大臣への建議は決議されなかった。決まったのは、固有名詞部会に議論を持ち帰り、もう一度総会にはかる、ということだけであった。翌日の『朝日新聞』には、「声明は来月に延期　名付け問題で国語審議会」という、見出し込みでわずか八行の小さな記事が出ただけであった。

「ファシスト」の嵐

ここで考えておきたいのは、土岐や時枝はなぜそんなにも怒ったのか、ということだ。あるいは、宮沢はなぜ衆議院をファシスト呼ばわりしたのか。舟橋はなぜ東京高裁をファシスト呼ばわりしたのか。さらに言えば、『夕刊時事新報』はなぜ国語審議会をファシスト呼ばわりしたのか。この「ファシスト」の嵐は、いったい何なのだろうか。

それを理解するためには、一九五一（昭和二六）年前半という、当時の時代状況を知っておく必要がある。第二次世界大戦の終結とともに始まった、アメリカによる日本の占領統治は、当初、日本国憲法制定を柱とする、数々の「民主化」によって彩られていた。「当用漢字表」もその流れの中で制定されたことは、すでに見たとおりである。

しかし、一九四九(昭和二四)年一〇月一日、中国の内戦が共産党の勝利の下に幕を閉じると、状況は変化を見せ始めた。それまで、アメリカの東北アジア地域防衛構想は、国民党中国を中心として組み立てられていた。その国民党が、負けてしまったのである。代わりに、アメリカの構想の中で重要な地位を占めるようになったのは、日本であった。その重要性は、一九五〇(昭和二五)年六月二五日に朝鮮戦争が始まったことで、さらに増大していくことになる。

このころから始まる占領統治政策の変化は、一般に「逆コース」と呼ばれている。それまでの「民主化」の流れとは逆の政策が、次々に打ち出されたのである。自衛隊の前身にあたる警察予備隊の創設をマッカーサーが指示して、日本の再軍備への道を開いたのは、一九五〇年七月八日のことである。同じ月の二四日には、「レッド・パージ」と呼ばれる共産主義への思想弾圧が始まる。そして、戦争協力を理由に公職を追放されたはずの旧政治家・旧財界人たちが追放解除されるのは、一九五一(昭和二六)年六月二〇日のことであった。この中には、あの一九四八(昭和二三)年の一二月二四日に釈放されたA級戦犯たちも含まれていたのである。

「民主化」を信じた人たち

名前の漢字問題をめぐって、いとも簡単に「ファシスト」ということばが持ち出されるのは、このような時代背景があってのことではないだろうか。順調に見えた「民主化」の流れが突然停止して、戦前の軍国主義へ回帰するかのような事態が次々に起こる。「民主化」を信じる度合いが強ければ強いほど、社会のそんな動きには敏感に反応したのではないだろうか。

国語審議会総会に先立つ四月一九日、副会長にして固有名詞部会部会長の宮沢俊義は、『毎日新聞』に「子供の名前に使う漢字」という一文を寄せた。その一節に、次のようにある。

> 漢字の数をへらすという考え方は、文化の民主化のために正しいものだと思う。このたびの衆議院の戸籍法改正は、この考え方に真正面からちょう戦する意図をもつものとして、はなはだ注目に値する。

そして、さらに次の一節も、意を留めて読む必要がある。

> 今度の戸籍法改正を推進した人たちは、これによって、漢文を復興し『東洋の精神文

化』をもっと日本人に教えこんで、アプレ・ゲール的な道義の低落をたたき直すつもりだそうである。戦争前も戦争中もそういう議論がつよかったこと、そして、その議論がいったいどういう結果をもたらしたかということをわれわれはよく考えてみる必要がある。

衆議院予算委員会で、川端佳夫がこの問題を最初に取り上げたとき、彼は愛国心の問題と絡めて質問をしていた。そのことを考えれば、名前の漢字をめぐる問題が、国語審議会のメンバーによって「逆コース」と関連して理解されたことも、想像にかたくない。

たかだか漢字の問題がそこまで大げさに扱われることは、私たちにとっては理解しがたいかもしれない。しかしその背景には、戦前の日本社会と漢字との不幸な関係があるのだ。

「一瞬、血のにおいがした」

序章でちょっとだけ登場してもらった中島健蔵が、軍国主義時代のことを回想して記した『昭和時代』(一九五七年刊)に、私にとっては印象深い次のような一節がある。一九三五(昭和一〇)年一〇月一五日、天皇機関説事件に関して、政府が第二次の声明書を出したときのことである。その中に「所謂《いわゆる》天皇機関説ハ、神聖ナル我国体ニ戻《もと》リ、其《その》本義ヲ愆《あやま》ルノ甚シキモノニシテ厳ニ之ヲ芟除《さんじょ》セサルヘカラス」という一文があるのを見て、中島は次のような感想を持ったと記している。

芟除とはどういう意味か。読み方さえわからない人間が大部分であった。まさか、殺すことでもあるまい。（中略）わたくしは、新聞紙上でこの声明を読み、芟除という字にぶつかったときのショックを忘れることができない。一瞬、血のにおいがしたような気もちであった。

私は、この回想から、漢字の力を感じる。読み方さえわからない字が、読者にここまで衝撃を与えることができるとは、それは漢字のイメージ喚起力でなくて何であろうか。恐ろしいのは、そのイメージ喚起力が恐怖心と結びついたとき、どのようなことになるのか、ということなのだ。この一節は、そのことを私に非常に強く考え込ませるのだ。

軍国主義の時代、体制維持を目的として書かれた文書には、難解な漢語が多く用いられた。そんな中で、多くの人々が、自分自身の自由や生命の危険と、漢字のイメージとが結びついてしまった経験を、持っていたのではないだろうか。そういう人たちにとって、漢字を制限するということは、ほとんど無条件に「民主化」の光であっただろうし、それを実現した「当用漢字表」は、ぜひとも守り抜くべきものであったのだろう。

いわば、漢字制限とは、漢字を戦犯として追放することだったのだ。序章で取り上げた倉石武四郎が、『漢字の運命』の中で「漢字の追放」ということばを使っていたのは、まさにこのことなのだ。一九五一(昭和二六)年前半というタイミングで、名前に用いる漢字を増やそうという動きが国会の中に起こったことは、「逆コース」の政治の流れの中で、戦犯たちが追放解除を受けて戻ってくるのと二重写しに見えたのではないだろうか。

だからこそ、国語審議会のメンバーたちは、彼らの「民主化」の象徴である「当用漢字表」を守ろうと、過剰とも思える反応をしたのである。

5　反撃する国語審議会

舞台は参議院へ

混乱していた国語審議会も、国会の自然休会明けが近づくにつれて、次第にその行動力を取り戻していったようである。名付けの漢字制限をなんとしても維持したい国語審議会としては、目指すは、戸籍法一部改正案の廃案である。そのためには、衆議院で可決された法案を、参議院で否決する、という手段もあるが、それはあまりいい方法ではない。なぜなら、日本国憲法第五九条二項に「衆議院で可決し、参議院でこれと異なった議決をした法律案は、衆議院で出席議員の三分の二以上の多数で再び可決したときは、法律となる」という規定があるからである。そうなってしまっては、もはや打つ手がない。

それよりもいい方法は、参議院で採決しない、という手段である。そうすれば法案は、「審議未了で廃案」ということになる。自然休会明けの一九五一（昭和二六）年五月七日、参議院本会議は、本来八日に終了するはずであった会期を、二八日まで二〇日間、延長することを決めた。五月二八日まで参議院に採決させない、それが国語審議会の行動方針であった。

参議院文部委員会に所属していた山本有三を通じて、根回しは十分に行われていたに違いない。五月八日の文部委員会は、連合委員会を開催するよう、参議院法務委員会に対して申し入れすることを決定した。衆議院のときは日程的に間に合わなかったという経験がある。今度は、法務委員会が審議を始める前に、連合委員会を働きかけたのである。その動きは迅速であった。

五月一〇日、法務委員会は、連合委員会の開催を受諾した。国語審議会の反撃は、着々と実を結びつつあった。

人名漢字に関する建議

国語審議会本体の方でも、反撃の準備は着実に進行していた。建議案を持ち帰った固有名詞部会は、改めて議論をし直して、五月一四日の総会に新たな提案をした。総会でも、前回と違って議論は混乱せず、いくらかの修正が加えられただけで建議案を採択するに至る。その結果、発表された「人名漢字に関する建議」は、次のように始まっている。

国語審議会は、漢字に関する根本政策に基き、人名に用いる漢字について、次のことを建議する。

この第一段落は、人名の漢字といえども国語政策の一環であることを宣言したものと読める。そこに、法務委員会に対する反感を読み取ることもできるかもしれない。

子の名にはできるだけ常用平易な文字を用いることが理想である。その意味から子の名に用いる漢字は当用漢字によることが望ましい。しかしながら、子の名の文字には社会慣習や特殊事情もあるので、現在のところなお、当用漢字表以外に若干の漢字を用いるのはやむを得ないと考える。

国語審議会では、この見地から、従来人に使われることの多かった漢字を資料として審議し、慎重に検討を加えた結果、別紙に掲げる程度の漢字は当用漢字表以外に人名に用いてもさしつかえないと認めた。

この第二・第三段落が、この建議書の主文であるといえるが、ここではまず、名前の漢字を当用漢字に制限したことの正当性を訴えた後、現実に対する譲歩を行う。譲歩だけを行っては、「当用漢字表」に傷がつくからである。

この問題は国語政策に及ぼす影響がすこぶる大きいので、その点じゅうぶんに考慮し、善処されることを要望する。

この第四段落は、第一段落と呼応する。文部大臣に対して、この問題のリーダーシップをとるのはあなただ、漢字制限という国語政策の意味、「ことばの民主化」の重要性を十分に考えて行動してください、と言っているのである。

なお、別紙として掲げられた漢字は、次のようなものであった。

丑丞乃之也亙亥亦亨亮仙伊匡卯只吾呂哉嘉圭奈宏寅尙巖巳庄

弘弥彦悌敦昌晃晋智暢朋杉桂桐楠橘欣欽毅浩淳熊爾猪玲琢瑞
甚睦磨磯祐禄禎稔穣綾惣聡肇胤艶蔦藤蘭虎蝶輔辰郁酉錦鎌靖
須馨駒鯉鯛鶴鹿麿齊龍亀（字体は一九五一年内閣告示による）

ここに掲げられた漢字の数は、九二字。二一字、四五字、八七字と変遷してきたこの数は、結局、最初に集めた漢字すべてとなったのである。

既存の固有名詞と、新しい固有名詞

この建議と同時に総会が採択したものとして、「人名漢字に関する声明書」があった。こちらは、建議の趣旨を一般国民に向けて説明したものである。その中で注目されるのは、「当用漢字表」制定のころを回想した、次の一節である。

当時の国語審議会は、当用漢字の選定にあたって、固有名詞（特に地名・人名）に用いられる漢字については、法規上その他に関係するところが大きいので、別に考慮することとしたのである。しかしながら、これは主として既存の固有名詞についてのことであったが、これから新しくつけられる子の名や官庁・会社などの名称は、なるべく当用漢字表によることが望ましいという態度をとったのであった。

これまで、「当用漢字表」が固有名詞については「別に考える」としていたことは、たびたび触れてきた。そしてそれが、戸籍法施行規則第六〇条で名前の漢字を当用漢字に制限したことと矛盾することが、すべての発端だったはずである。

しかし、声明書のこの部分によれば、「当用漢字表」が「別に考える」とした固有名詞とは、既存のものであって、新しくつけられるものは含まれないのだという。この期に及んで、国語審議会はなぜこのようなことを言い出したのだろうか。

その理由は、やはり、「当用漢字表」を守りたい、その権威を傷つけたくない、というところにあったのだろうと思う。「当用漢字表」は最初から、人名も考慮して作成されており、「社会慣習や特殊事情もあるので、現在のところなお、当用漢字表以外に若干の漢字を用いるのはやむを得ない」が、いずれは「当用漢字表」の範囲内で名付けも行われていくことになろう。それが国語審議会のスタンスだったのである。

新聞はどう報じたか

五月一五日の新聞各紙は、この国語審議会の建議を一斉に報じることとなった。

そして不思議なことには、これらの報道が、この問題がこれで決着したような雰囲気をかもし出し始めたのである。

その代表例は、『朝日新聞』である。一五日の同紙は、国語審議会の建議を「九十二字を追加 人名漢字問題に終止符」という見出しの下に伝えた。参議院での審議はまだ継続中であるのに、「終止符」である。

『毎日新聞』の「余録」の一六日の書き出しは、「子供の名前をつけるに使ってよい漢字を、当用漢字のほか九十二字ふやすことに、文部省国語審議会で決った。いずれ近く実施の手続きが執られる」であった。これも、既決事項としての扱いだと読んで差し支えないであろう。

人名を法律で縛ることを激しく非難した『夕刊時事新報』だけは、相変わらずその論調を維持していくのであるが、新聞報道を眺めている限り、総じて、五月一五日をもって、この問題は幕引きとなったような印象を受ける。

この背後には、新聞なりの事情がある。思い出してみてほしい。東京高裁の決定書にあったように、人名の漢字を制限する根拠となる公共性とは、ほとんど印刷の能率であった。印刷の能率が一番問題になるのは、どこか。言うまでもなく、日々、大量の固有名詞を印刷しなくてはならない新聞業界であろう。この当時の国語審議会の委員は、官僚を除いて四一人いるが、その中には新聞各社の代表が五人いる。もともと新聞業界は、漢字制限を推進していたのである。だとすれば、戸籍法で「子の名には、常用平易な文字を用いなければならない」と定めた際に、「各方面から、是非こういう規定を設けてもらいたいという要望があった」という「各方面」の中には、当然ながら新聞業界も含まれていたはずである。

戸籍がないために配給も受けられず、予防接種も受けられない、いたいけな少女。――その鮮烈なイメージに反応して義憤にかられて始まった当用漢字批判が、いずれ自分たちの首を絞めることになることに、彼らは時間が経つにつれて気づいたのではないか。

だからといって当時の新聞業界を批判しようとは、私は思わない。しかし、新しく名前に使うことのできるようになった九二の漢字の中には、あの少女たちの名前に用いられた「瑛」の字も「玖」の字も含まれていなかったことも、事実なのである。

九人の参考人たち

世間の注目は急速に薄れつつあったとはいえ、国語審議会はまだ安心するわけにはいかなかった。審議未了で廃案に追い込むまでは、手綱を緩めるわけにはいかない。

参議院の法務・文部委員会連合委員会の開催は、五月二二日と決まっていた。その席上で、この戸籍法一部改正案が採決に値しないことを、参議院議員たちに強く印象づけなくてはならないのである。

運命のその日、連合委員会は午前一〇時三九分に始まった。議長は、法務委員会委員長の鈴木《すずき》安孝《やすたか》参議院議員である。委員会には各界から九名の参考人が呼ばれ、戸籍法の一部を改正する法案について、順に意見を述べることになった。いま、その順番に従って、九名の参考人の名前を会議録に記された肩書きとともに並べると、次のようになる。

毎日新聞社出版局書籍部顧問・藤森良信《ふじもりよしのぶ》
国語協会理事・岡崎常太郎《おかざきつねたろう》
埼玉大学文理学部教授・吉田澄夫《よしだすみお》
日本弁護士連合会副会長・阿保浅次郎《あぼせんじろう》
新聞国語改善委員会委員長・園田次郎《そのだじろう》
東京地方裁判所判事・千種達夫
人文科学研究所教授・桑原武夫《くわばらたけお》
国語審議会会長・土岐善麿
津田沼町長・白鳥義三郎《しらとりぎさぶろう》

各参考人の意見をじっくり読むと、それぞれにユニークな議論を展開していておもしろいのだが、退屈な人には退屈でもあろう。この連合委員会の行方を見届ける上では、このメンバー構成を詳しく見るだけでも十分である。

肩書きに「国語審議会」とあるのは土岐善麿だけであるが、実際には藤森良信、園田次郎、千種達夫の三人も国語審議会のメンバーである。岡崎常太郎の所属している国語協会とは、ちょっと前に『標準名づけ読本』のところでも出て来たが、一九三〇(昭和五)年に、文部省の国語調査事業の協力団体として組織された団体である。吉田澄夫は、戦前、文部省の国語調査官や、国語審議会委員を務めたことがある。つまり、九名中少なくとも六名が、国語審議会関係の人間であったことになる。フランス文学者の桑原武夫が、その専門を通じて国語審議会のメンバーとつながりがあっただろうことは想像にかたくない。とすれば、この日の参考人のほとんどが、国語審議会の息のかかった人間だったのだ。

このメンバーを見ただけで、議論の落ち着く先は、目に見えていたのである。

土岐善麿の政治的手腕

予想どおり、藤森、岡崎、吉田の三人は、戸籍法一部改正に反対の立場から意見を述べた。四人目の阿保に至って、ようやく賛成の立場からの意見が現れた。彼によれば、「在野法曹はこれには殆んど全力を注いで賛成をしておるような状況」であるという。しかし、この四人からの意見の聴取が済んだところで、時計の針は一一時半を回り、昼休みとなった。

午後の審議が再開されたのは、午後一時三三分。園田、千種は反対の立場からの意見を述べ、桑原も、フランスで行われている人名制限を例に出しながら、戸籍法一部改正に反対し、人名の漢字制限の必要性を訴えた。次はいよいよ八人目、国語審議会会長、土岐善麿である。

私はもちろん、土岐善麿という人を直接知っているわけではない。若き日に若山牧水や石川啄木と親交のあった歌人であり、読売新聞や朝日新聞で活躍した新聞人であり、都立日比谷図書館の館長を務めた人であり、漢詩を愛して訳詩集『鶯の卵』を著した人であり、……そういった経歴しか知らない。その経歴からすると、一度でいいから会ってみたかったと思う。ただ、この日の会議録から浮かび上がってくる彼の姿は、あまり好きにはなれない。

「午前から只今まで参考人からいろいろな説が出まして、ただ一人のかたを除いては、この名前に用いる文字に制限を加えるということは適当であろうという御意見のようであります」

これが、彼の第一声である。違うだろう、と思う。ただ一人のかたを除いては、あなたが手配した人間なんでしょう、と。それは、敵から見れば、かなりあくどいやり方である。しかもその「ただ一人のかた」が午前中に発した、「在野法曹はこれには殆んど全力を注いで賛成をしておるような状況」という発言を取り上げて、次のようにやりこめるのである。

「私は昼の休憩のときに、どういう手続でそういうことをお調べになりましたかということを伺いましたら、それは寄り寄り話をしておったということでございます。寄り寄り話をしていたというだけのことを、在野法曹団の殆んど皆が賛成しているということに、一人の参考人が代表しておっしゃっているということは、適当でないのではないかと思います」

徹底的なのである。ただ一人だけ敵を招いておいて、やっつける。ただ一人だけなら、そこまでしなくてもいいではないか、と思う。そのやり方が、好きになれないのだ。

しかし、土岐がそこまで政治的手腕を発揮しなくてはならなかったのはなぜなのか。それを考えてみる必要はあると思う。一見、得意そうに見えるこのときの彼の心中には、どのような思いがよぎっていたのだろうか。

最後の一人、白鳥も戸籍法一部改正に反対の意見を述べて、午後二時四四分、連合委員会は散会した。そしてこれ以後、この会期中の参議院のいかなる会議においても、この議題が取り上げられることはなかったのである。

6　語られざる一幕

これですべては終わった。戸籍法の一部改正案は、最終的に審議未了で廃案となった。国語審議会の「人名漢字に関する建議」を受けて、内閣は新たな内閣訓令・告示を作成して、一九五一（昭和二六）年五月二五日、九二字からなる「人名用漢字別表」を公布することになった。それに伴って、戸籍法施行規則の第六〇条は、次のように改正されることになった。

「人名用漢字別表」の制定

第六十条　戸籍法第五十条第二項の常用平易な文字は、左に掲げるものとする。
一　昭和二十一年十一月内閣告示第三十二号当用漢字表に掲げる漢字
二　昭和二十六年五月内閣告示第一号人名用漢字別表に掲げる漢字
三　片仮名又は平仮名（変体仮名を除く。）

国会で審議される「法律」である戸籍法本体を改正するのではなく、省庁レベルの命令である施行規則を改正する。そして、その後ろ盾として、内閣総理大臣の定める内閣訓令・告示の権威を利用する。国語審議会＝文部省＝法務府は、この方法を用いて、衆議院の意図に反して、自らの意志を貫徹したのである。

しかし実は、この物語には、あまり語られることのない続きの一幕があるのだ。

六月五日、衆議院議院運営委員会

六月五日、午後一時。衆議院では、その日の本会議に先立って議院運営委員会が開かれていた。その議事の中には、なぜか戸籍法の一部改正案に関する件が含まれていた。事務総長の大池真《おおいけまこと》は、この改正案のこれまでの経過を簡単に説明したあと、次のように述べた。

「本院は全会一致をもって通っておりますが、参議院で握りつぶしになっておりますので、六十日以上経過しておるわけであります」

「六十日以上」とは、どういう意味か。実は日本国憲法第五九条四項に、次のような決まりがあるのである。

参議院が、衆議院の可決した法律案を受け取った後、国会休会中の期間を除いて六十日以内に、議決しないときは、衆議院は、参議院がその法律案を否決したものとみなすことができる。

戸籍法一部改正案が衆議院本会議を通過したのは、三月三〇日。その後、自然休会があったが、自然休会とは正式な手続きなしの慣例的な休会であるから、ここでの「国会休会中の期間」には含まれない。だとすると、五月二九日が六〇日目、ということになる。

本来であれば、この国会は五月八日で会期終了となるはずであった。それが自然休会をはさんだため、二八日まで延長になったことは、すでに述べた。延長期間がそれで済んでいれば、二九日は会期終了の翌日となっていたはずである。しかし、運命の女神はいたずらものだ。会期はさらに延長され、この議院運営委員会の開かれている六月五日までとなっていたのである。

「三分の二で行きましょう」

大池は続ける。

「これを本院は、参議院において否決をしたものとみなすという議決をすれば、参議院は否決をしたということになるのであります。そこで否決されたものとみなした後に、さらに三分の二以上の議決をもって本院が通過すれば、憲法第五十九条によって本院の議決案が法律になるわけであります。そういう手続をとるかとらぬかという問題があるわけであります」

いわゆる衆議院の参議院に対する優越、衆議院の再議決権の行使である。大池のこのほのめかしに対して、最初に答えたのは、与党自由党の倉石忠雄《くらいしただお》であった。

「ほっといてもしょうがないからやりましょう」

これに第二党民主党の椎熊三郎《しいくまさぶろう》が、「三分の二で行きましょう」と応じる。このとき、議院運営委員会の委員長を務めていたのは、自由党の小沢佐重喜《おざわさえき》であった。小沢は、社会党の松井政吉《まついまさきち》に意思確認をした。松井は答える。

「衆議院は全会一致だから賛成」

これを聞いて、小沢は最終決断を下した。

「戸籍法の一部改正は、全会一致で、ただいまの通り三分の二で衆議院の議決を生かすことにきめます」

国語審議会が苦労をして廃案に追い込んだはずの戸籍法一部改正案は、会期のいたずらによって、いま、甦ろうとしていた。

ギリギリの決着

しかし、このあと開かれた衆議院本会議で、この改正案が議題になることはなかった。国会会議録には、影も形も留めていない。これはどういうことなのか。

この本会議では、参議院で否決された「モーターボート競走法案」に対して、衆議院が再議決権を行使している。当時、このことは前代未聞のこととして受け取られたようだ。それとの関係があったのかもしれない。

しかし、私としては、この前日、六月四日付『朝日新聞』に出ている、「人名用追加漢字決る」という見出しがつけられた、見出し込みで九行の小さな記事にとても興味を惹かれる。その全文を見よう。

国語審議会は先月十四日、当用漢字に追加して新たに人名漢字九十二字を決定、文部省、法務府などに建議したが、政府はこのほど同建議をそのまま採択し「人名用漢字別表」として官報に告示、先月二十五日にさかのぼって実施することになった。

先に述べたとおり、内閣訓令・告示による「人名用漢字別表」の公布と、戸籍法施行規則第六〇条の改正とは、これに先立つ五月二五日に行われたことになっている。実際に『官報』を見ても、二五日付に掲載されている。しかし、この『朝日新聞』の記事によれば、それは六月四日までに決定され、二五日にさかのぼって実施されたものなのである。だとすれば、「人名用漢字別表」も戸籍法施行規則の改正も、そのときまでは最終的な決定がなされていなかったということになる。

憶測をたくましくすれば、衆議院議院運営委員会の面々は、「人名用漢字別表」のことも戸籍法施行規則改正のことも、正式には知らないままに話し合っていたのではないだろうか。だからこそ、衆議院の再議決権を行使しようとしたのではないだろうか。そして、本会議までの間に、最終決着の情報が入り、再議決を断念したのではないだろうか。

だとすれば、時間的にギリギリのところで、戸籍法一部改正案は廃案となったことになる。その背景には、憲法第五九条四項に気づき、早く手を打たないと再議決されてしまうと考えた、国語審議会側のだれかがいたのかもしれない。「人名用漢字別表」と戸籍法施行規則の改正が、わざわざ五月二五日までさかのぼって実施されたのも、それと関係があるのかもしれない。衆議院と国語審議会とは、最後の最後まで、対立を続けていたのである。

人名用漢字の誕生

「人名用漢字」ということばが正式な用語として登場するのは、この内閣訓令・告示が最初である。つまり、以上が「人名用漢字」の誕生にまつわる物語、というわけだ。私たちはこの物語から、いったい何を読み取ることができるのだろうか。

振り返って見れば、名付けの漢字制限とは、第二次世界大戦敗戦後の民主化の流れの中で、

「ことばの民主化」が、「戸籍の民主化」に要請した結果としてスタートした制度であった。再び倉石武四郎のことばを借りれば、「従来の封建的社会を改革するためにはその封建社会に養われ、またそれを培ってきた漢字を追放しなければならなかった」のである。

しかし、漢字にはまた別の性格もあったのだ。「弘」を「広」で置き換えることはできず、「臍帯」を「へそのお」で置き換えることはできないという、あの唯一無二性である。当用漢字による漢字制限は、漢字の封建的性格を追放しようとした結果、唯一無二性までをも追放しようとしていたのだ。

そう考えると、一九五一(昭和二六)年という、戦後の「民主化」の流れがゆるみはじめた「逆コース」の時代に、唯一無二性がもっともはっきりと現れる名付けの漢字を舞台として、当用漢字に対する批判が噴出したことは、驚くに値しない。封建的性格と唯一無二性が手を携えて逆襲に出たのである。

このリターンマッチにおいて、国語審議会のメンバーは彼らの「民主化」を守るために必死になって戦った。そして、人名用漢字という新たな制度を生み出して唯一無二性に譲歩をすることによって、唯一無二性を封建的性格から切り離し、封建的性格を撃退することに成功したのだ。

しかしこのとき、彼らが漢字の唯一無二性と妥協をしたということは、漢字制限という制度の限界を示すものでもあった。なぜなら、「当用漢字表」の「まえがき」でうたわれた、「この表の漢字で書きあらわせないことばは、別のことばにかえるか、または、かな書きにする」という原則と、漢字の唯一無二性とは、相反するものだからである。

自らの限界を露呈してまで追放したかったもの。「ことばの民主化」を願った人たちにとって、漢字の封建的性格とはそれほどのものだったのである。

当時の国語審議会の議事録を読むと、漢字制限をめぐって、審議会も一枚岩ではなかったことがよくわかる。一大勢力をなしていた新聞業界が中心となって、当用漢字を微修正すべく「当用漢字補正資料」を作成することになるのは、わずか三年後のことだ。それは結局、審議会全体の同意は得られないままに終わる。そして、当用漢字そのものに違和感を表明していた舟橋聖一が、国語審議会を脱退する事件を起こすのは、一九六一(昭和三六)年のことである。

しかし敗戦直後、それでも国語審議会が漢字制限へと邁進できたのは、漢字の封建的性格を打倒したいという一点で、彼らが結束できていたからではないのか。「ことばの民主化」への願いでは、一致できていたからではないのか。

逆に言えば、彼らはそれほどに、軍国主義の時代に戻りたくはなかったのだ。

そんな彼らの姿は、あの時代の一つの縮図でもある。人名用漢字誕生の物語をひもとくとき、そのことを忘れてはいけないのだと思う。

第二章　時代の分水嶺で

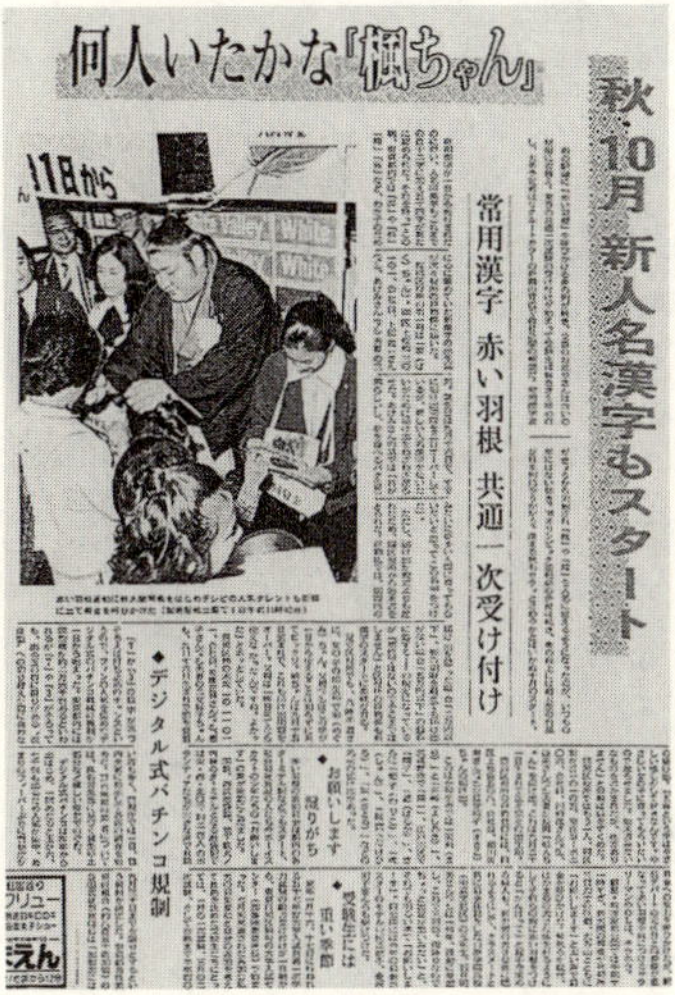

何人いたかな「楓ちゃん」

秋・10月 新人名漢字もスタート

常用漢字　赤い羽根　共通一次受け付け

◆デジタル式パチンコ規制

1981年，人名用漢字の第2次改定が施行されたことを伝える新聞．（10月1日夕刊，毎日新聞社提供）

1　そして、二〇年余りが過ぎた

さまざまな対立をはらみつつ産み落とされた人名用漢字は、その後、現在に至るまで、その姿を変化させつつ、この国に新たに生まれてくる子どもたちの名前を制限し続けることになった。その歴史は大きく二つに区分することができる。

人名用漢字の時代区分

前半は、前章で見た一九五一(昭和二六)年のその誕生から、一九七六(昭和五一)年の第一次改定に至るまでである。この時期の特徴は、二五年もの間、人名用漢字の九二字がきわめて安定していて、一字の追加も行われなかったことである。

後半は、一九八一(昭和五六)年、「当用漢字表」が「常用漢字表」へと衣更えになったのに伴い、人名用漢字にも大幅に変更が加えられた第二次改定以降、現在に至るまでということになる。この時期の特徴は、人名用漢字に波状的な改定が加えられ、その数も飛躍的に増えていくことである。

この二つの時期の人名用漢字には、量的な違いだけではなく、質的に決定的に違う点があると、私は思う。そこで本章では、その端境期《はざかいき》、第一次改定へ向けてさまざまな動きが始まる一九七一(昭和四六)年から、第二次改定が行われる一九八一年までを概観して、その質的な相違とは何であるのか、そしてその相違を生んだ原因は何であるのかについて、考えてみることにしたい。

「当用漢字表」の再検討

一九五一年から一九七一年の間、人名用漢字が全く議論の波にさらされなかったわけではない。たとえば国会では、一九六一(昭和三六)年三月二八日の参議院予算委員会第四分科会で、梶原茂嘉《かじわらしげよし》議員と荒木万寿夫《あらきますお》文部大臣との間に、人名用漢字の是非について、やりとりが行われた記録がある。

また、新聞の投書欄に目を転ずると、一九六四(昭和三九)年五月の『毎日新聞』、翌年一二月の『朝日新聞』の投書欄で、人名用漢字に関する小さな論争が行われている。しかし、これらは単発的なもので、多くの人々を巻き込んで広がっていくことはなかった。

その状況に多少の変化を与えたのは、一九六六(昭和四一)年六月一三日、文部大臣が国語審議会に対して、「当用漢字表」の見直しを諮問したことであろう。諮問の際の「検討すべき問題点」の中には、同表の「取り扱い方ならびに漢字の選定に関する方針およびその取捨選択について」の検討も含まれていた。検討の結果、当用漢字一八五〇字の具体的な漢字について出入りが生じるとすれば、当然ながら、人名用漢字への影響も必至である。ここに、人名用漢字に関する議論は、ある程度の具体性を持って語られることになったのである。

ただし、この時の諮問が最終的に実を結ぶのは、なんと一五年も先のことになる。国語審議会の中では、まことにゆったりとした時間が流れていたのであった。

戸籍実務家たち、再び

しかし、多くの場合そうであるように、制度の変革よりも現実の変化の方がはるかに先を行っていた。一九七〇年代に入ると、人名用漢字に対して、現実からの要請がたびたび届くようになる。その先陣を切ったのは、かつてもそうであったように、全国連合戸籍事務協議会であった。

実は彼らは、一九六〇年代にも、人名用漢字の増加を要望している。たとえば一九六三（昭和三八）年の第一六回全国連合戸籍事務協議会総会では、富山県から「悠、芙、梨、沙、瞳、惇、恂」の七文字を追加するよう要望が出て、決議されている。また、その五年後の第二一回の総会では、愛知県から「梨、沙、芙、佑、喬」の五文字の追加要望が出されたが、この時は、時期尚早として決議は先送りとなった、と記録にある。しかし、彼らがかなり切実にこの問題を考え始めたのは、一九七一（昭和四六）年のことだと思われる。

この年の一〇月二七日、東京都の文京公会堂で、第二四回全国連合戸籍事務協議会総会が開かれた。第二章でも引いた雑誌『戸籍』の三二二号(一九七二年六月臨時増刊)によれば、二一年前と同じく、当日は「菊薫る絶好の秋日和」であったという。

総会の第三日、一〇月二九日の午前中のメインイベントは、各地方の戸籍事務協議会から出された事務的問題について、法務省(かつての法務府が衣更えしたもの)民事局第二課の田代有嗣《たしろあり つぐ》課長が答える、というものであった。提出された問題は一七あったが、その四番目は、次のようなものであった。

出生子の名の文字について、左記文字も使用できるよう要望してはどうか。

旭 鮎 梓 葵 允 杏 喬 頌 沙 渚 那 隼 瞳 芙 悠 佑 梨 瑠

続く五番目も同じような趣旨であったが、挙げられている漢字は「瞳、梢、梨、紘、沙、芙、隼」の七文字であった。

これら都合二〇字の追加要望に対して、田代課長はどう答えたのか。

「これは戸籍法施行規則を改正すればできないわけはないわけですけれども、従来のいきさつ上、内閣告示をそのまま引用しまして、名前の追加するものも内閣告示でやっておりますので、やはりこれは内閣告示でやりませんとおこられると思います」

彼はこのように前置きした上で、「内閣のほうに要望することにいたしましょう」と言う。つまり、法務省の問題ではない、内閣告示の問題なのだ、と答えたのである。

社会派弁護士登場

人名用漢字に対する現実社会からの要請の第二波は、これまたかつてもそうであったように、ある子どもの誕生がきっかけとなった。一九七二(昭和四七)年三月三一日、東京都に住むある夫婦が、生まれたばかりの子どもに「悠《ゆたか》」という名前を付けて届け出ようとした。しかしこの漢字は、当用漢字でも人名用漢字でもなかった。役所は当然そのことを指摘して、出生届の受け取りを拒絶した。

この話を耳にしたのが、当時、社会党の衆議院議員であった中谷鉄也《なかたにてつや》であった。プロ野球の「黒い霧」事件を国会で追及したことで有名なこの弁護士は、四月五日、衆議院法務委員会で悠君事件を取り上げたのである。

中谷は事実経過を簡単に述べた後、まず、先に触れた全国連合戸籍事務協議会の要望を取り上げて、「こういう要望が出てきたところの経過」について法務省に答えて欲しい、と切り出した。この質問に答えたのは、またもや民事局第二課課長の田代有嗣である。半年前には戸籍実務家たちから要望を受け、今度は社会派の国会議員弁護士から質問を受けなくてはならぬ。

官僚はたいへんである。

田代は、一九五一(昭和二六)年の人名用漢字制定の経緯を簡単に述べ、ただし、その範囲が狭すぎるのではないかという声が国民の中にあり、この要望はその現れであると説明した。中谷は舌鋒鋭く、突っ込みをかける。

「こういうふうな要望というものがあるのに、(中略)いままでこれが放置されておっていいものかどうなのか。文部省の仕事なんですよ、国語審議会の仕事なんですよということでいいのかどうか」

法務省がこの問題に対して主体的に動かないことに対する批判である。もっともではあるが、田代の立場としては、そんなことを言われてもどうしようもない。国語審議会が当用漢字の再検討を終えるまでは、どうにもならないのである。「今日まで何もしなかったことは申しわけないのですが」と謝った上で、「そういった要望があるということを、国語審議会のほうにも御連絡してお願いしたいと考えております」としか答えようがなかったのである。

弁護士と文部省の対決

ここまで問いつめたところで、中谷は妥協案を提示した。出生届は「名未定」あるいはひらがなで「ゆたか」として出しておく。同時に、家庭裁判所へ不服申立てをする。そうすれば、問題は裁判所での審理にゆだねられる。その間に、国語審議会で先行審議をして人名用漢字の範囲を広げてくれ、というのである。

「国語審議会は（中略）延々毎週一生懸命御審議になっているようだけれども、このような文字を人名に入れようということを先行審議をされたからといって、私はしろうとだからわかりませんけれども、別に国語審議会の審議にたいへんな支障を来たす、大混乱を来たすというものじゃないと私は思うのです」

この質問の矢面に立ったのは、文部省の外局として一九六八（昭和四三）年に設置された文化庁文化部長の吉里邦夫《よしざとくにお》であった。吉里は、法務省を通じての戸籍実務家たちからの要望について、「正式にいただきましたら、さっそく国語審議会のほうにも、その審議の中で十分検討していただくという形をとりたい」と答える。中谷はさらにたたみかけた。

「先行審議ということになったとして、一体いつごろこの問題について決着をつけていただけますか」

それに対する吉里の答えは、「国語審議会のほうによく話をしまして、急いでいただくということはお約束できると思います」というものであった。そして、中谷のがんばりにもかかわらず、それ以上の「先行審議」の約束は、ついに引き出すことができなかったのである。

この段階で、人名用漢字をめぐる状況は、二一年前と酷似していたといえよう。

不発に終わった国会質問

しかし、これから先、あのときのように大きなうねりとなって問題が広がっていくことはなかった。中谷鉄也の衆議院法務委員会での質問は、あのときと同様に、新聞で取り上げられはした。しかし、その取り上げられ方は、二一年前とはだいぶ趣を異にしたものであった。

『朝日新聞』は、法務委員会の翌日、四月六日付の朝刊「青鉛筆」欄で、この問題を話題にしている。次は、その結びの部分である。

法務省側は「国民感情を考慮して善処したい」と〝悠々〟とした答弁を繰返すだけだった。

ここには法務省への批判は感じられるが、二一年前のように、人権侵害だとか憲法違反だとかいった強い調子は感じ取ることができない。

一方、『読売新聞』は、さらにその翌日の七日付の朝刊「編集手帳」で、この問題を取り上げている。その中の一文を引こう。

沖縄密約でもめている国会でまことに悠々(ゆうゆう)としたお話のようにも思われるが、なにしろ名前は一生つきまとうものだから、あだやおろそかにはできないことである

これに先立つ三月一五日、沖縄返還協定がすったもんだの挙げ句、ようやく成立していた。ここでいう「沖縄密約」とは、これをめぐって、毎日新聞の記者が、外務省事務官から日米両政府間に交わされた密約に関する機密情報を受け取り、当時社会党の衆議院議員であった横路《よこみち》孝弘《たかひろ》に伝えたとして、逮捕された事件のことである。新聞記者がその取材活動を理由に逮捕されるというのは、新聞社から見れば明らかに報道の自由の侵害であり、人名用漢字云々というのは、まことにのんびりしていると見えたに違いない。

しかし、私は、この日の「編集手帳」からは、この問題に対する切実感のなさしか感じ取れない。編集手帳子は、末尾近くで「このへんで、国語審議会の先生たちは制限漢字の組み替えを再検討する必要があるのではないか」と問題提起はするものの、当用漢字の再検討ならば、国語審議会はもう六年も前から始めていたのである。

漢字の封建的性格の終焉

どうしてこのとき、人名用漢字はたいした問題にならなかったのだろうか。

一九六六(昭和四一)年から一九六八(昭和四三)年にかけて、政府与党である自民

党は、「国語問題に関する小委員会」を設けて国語政策のあり方を検討している。その結論は、当用漢字については「制限は思い切って緩和すべき」というものであった。国会議員からの、当用漢字批判である。また、沖縄密約の問題は、報道の自由の侵害に関する問題であったから、軍国主義体制への逆行を想起させるには十分な事件であったはずだ。

第一章では、一九五一(昭和二六)年前半、「逆コース」とよばれる時代を背景に、名付けの漢字問題が、漢字の封建的性格とからまりあって展開していくようすを見た。同じような社会的背景がありながら、二〇年後の名付けの漢字問題がたいした問題にならなかったのは、なぜなのだろうか。

それは、漢字の封建的性格というものが、人々にはもうあまり意識されなくなっていたからではないだろうか。当用漢字が制定されてから二〇年余り。最大の敵であった封建的性格は、ほぼ追放されたのである。私はここに、当用漢字という制度の果たした最大の歴史的役割と、その終焉を見ることができるように思う。

そう考えれば、一九六〇年代の後半になって当用漢字の再検討が始められたのも、いたって当たり前のなりゆきだったのである。

2　法務省、重い腰を上げる

先進国となった日本

時代とともに変化したのは、漢字だけではない。今さら振り返るまでもなく、この時期、日本の社会は大きな変貌を遂げていた。そのことは、当然、名付けにも反映されてくる。そのようすを見るために、時間を少しさかのぼってみよう。

子どもの名前の変化が新聞紙上に取り上げられるようになるのは、一九六五(昭和四〇)年ごろからである。この年の一〇月二日の『東京新聞』に「減ってきた〝子〟のつく名前」という記事が、続いて一二月五日の『毎日新聞』には「変わってきた名前」という記事が出ている。両者の分析をまとめると、このころ意識された名前の変化として、女の子の名前から「子」がつく名前が減ったこと、ひらがなを用いた名前が増えたこと、漢字を当て字や万葉がなに似た使い方で用いている名前が増えたこと、などが挙げられる。

『毎日新聞』の記事には、漢字を万葉がなに似た使い方をしている例がいくつか挙がっている。「真奈美」「奈穂美」「真由美」などは、半世紀近く後の私たちにとってはごくふつうの名前だろうが、「日登美(ひとみ)」「好乃美(このみ)」「知友里(ちどり)」あたりになると、その漢字の使い方に一言申し上げたくなる人もいるのではないだろうか。

この記事の中で、国語学者であり、日本人の姓名の研究家としても知られた渡辺三男《わたなべみつお》は、これらの変化の原因を、大略、次の二点に求めている。

1 敗戦後、日本人の感覚が西欧的になり、名前にもそれが影響していること。

2 伝統にとらわれない若い両親が、個性的な名前を模索していること。

一九六〇(昭和三五)年一二月に池田勇人《いけだはやと》内閣によって「国民所得倍増計画」が閣議決定されて以来、日本経済はいわゆる「高度成長」の時代に入っていく。その成果は、一九六四(昭和三九)年四月の経済協力開発機構(OECD)への加盟となって現れる。欧米先進二〇か国が、発展途上国への開発援助などを目的として一九六一(昭和三六)年に設立したこの機構に加盟したことは、世界経済の中で、日本が先進国の一員として認知されたということであった。さらに、同じ一九六四年一〇月の東京オリンピックの成功は、そのことを国民全体に強く印象づけたことであろう。

そのような社会状況の変化を考えると、一九六五年の終わりごろに名付けの変化が意識されるようになったことは、きわめて妥当なことであったといえるだろう。そしてその変化のポイントは、渡辺三男がまとめたように、「感覚の西欧化」と「個性の時代」という二つのキーワードで把握できるものであった。

諦めない実務家たち

人名用漢字拡大の要望は、このような意識の変化に裏打ちされていたから、一過性のものではありえなかった。全国の戸籍実務家たちは、そのことを身をもって体験していたに違いない。彼らは、自分たちの要望が結局のところ、法務省と文部省との間で宙ぶらりんになって消えてしまっても、諦めはしなかったのだ。

一九七二(昭和四七)年一〇月一八日から東京の世田谷区民会館ホールで開かれた第二五回全国連合戸籍事務協議会総会では、その第二日の第一部会において、昨年と同様に人名用漢字の追加要望が決定された。このときの具体的な漢字は、次の二五字である。

梨 梓 梢 悠 沙 隼 紘 瞳 芙 葵 允 杏 喬 頌 那 佑 瑠 冴 眸 淆 紗 茜 稀 暎 昿

前年の二〇字の要望から、「旭」「鮎」「渚」の三字が除かれ、「冴」以下の八文字が追加されている。この違いは、前年の具体的な文字は主に千葉県の要望に基づいていたが、この年は愛知県の要望に基づいているという事情によるものであろう。

戸籍実務家たちの諦めを知らない努力は、やがて新聞の紙面に反映されるようになる。二五字の要望が決定されてから約一か月後の一一月二〇日、『サンケイ新聞』は朝刊の「賛成・反対」という欄で人名用漢字の制限を取り上げ、賛成の立場からは医学博士にして人名研究家の佐久間英《さくまえい》に、反対の立場からは作家の杉森久英《すぎもりひさひで》に発言を求めている。『サンケイ新聞』がこの時期にこの問題を取り上げたのは、戸籍実務家たちの動きと関連なしとはできないであろう。

困惑する民事局課長

さらに翌一九七三（昭和四八）年の一〇月一八日、全国連合戸籍事務協議会の第二六回総会に先立つこと一週間のタイミングで、『読売新聞』の朝刊「追跡」欄が「「名前」に好みの漢字が使えない」と題して人名用漢字の問題を取り上げたことも、同様に判断できると思う。この『読売新聞』の記事には、またまた法務省民事局第二課課長の田代有嗣の興味深いコメントが掲載されている。

「そうなんです。窓口でのトラブルが多く、困っているのです。そこでみなさんが使いたがるがワク外だという字を、人名用に認めてほしいと文化庁の方に要望しているんですが……」

法務省の課長にしては、感情が前に出過ぎて、少々、生々しい発言である。このような生々しい発言が新聞紙上に掲載されたことが、私にとっては、ちょっと意外である。いや、田代はそうすることによって、法務省が感じている、文化庁＝文部省に対するいらだちを暗に表現してみせた、と読む方が、真実に近いのかもしれない。

そう、この時点で、法務省はついに重い腰を上げつつあったのである。

三度目の正直

『読売新聞』に法務省民事局の課長の意味深長な発言が載ってから一週間後、前年同様、世田谷区民会館ホールで、第二六回の全国連合戸籍事務協議会総会が行われた。この年も、第二日の第一部会で、人名用漢字の追加要望が提案された。原案は、北海道によって提出されている。

戸籍法第五十条による出生届に用いる文字は常用平易な文字を用いるよう、その範囲が定められているところであるが、現代の社会情勢から人名用文字の制限を拡大するよう再度要望する。

(例) 佑 怜 楓 杏 鮎 喬 梓 梢 梨 紗 沙 隼 鍵 虹 笹 梯 瓜 栗 藍 葵 旭 渚 瞳 瑠 紘 悠 芙

「現代の社会情勢から」とか「再度要望する」という文面に、三年連続の重みが感じられる。記録によれば、この提案の審議は一瞬で終了、可決されている。もはや審議を必要としない問題となっていたのである。

しかし、法務省の背中を最終的に押したのは、この年の一一月三〇日に出された、東京家庭裁判所の決定であったのかもしれない。「悠《ゆう》」という名前の出生届を拒まれたことに対する、不服申立てをめぐる決定である。再び悠君の登場であるが、前回は「ゆたか」と読む名前であり、別人である。

当用漢字表制定の趣旨は（中略）、表外漢字を一切使用禁止とするような強力なものではないし、戸籍法第五〇条の趣旨も、同法が戸籍事件について市町村長の処分につき家庭裁判所に不服の申立をすることを認めていることからみて、個々の場合に、家庭裁判所の判断により、表外漢字を子の名に用いた出生届の受理をも、実情に即して認容する余地を残したものと解するのが相当である。

以上の判断に基づいて、東京家裁は、この不服申立てを認容した。ただし、同じ東京家裁は、翌一九七四(昭和四九)年四月九日には、「沙羅」という命名をめぐって出された不服申立てを却下している。したがって、裁判官たちのこの問題に対する判断には揺れがあって、司法全体として、「表外漢字を子の名に用いた出生届」をどんどん受理していこう、という立場にあったわけではない。しかしともかく、法務省にとって、司法は人名用漢字を必ず守ってくれるという時代は、この決定によって終わりを告げたのである。

法務省の見切り発車

こういった情勢を受けて、法務省は何を考えたのか。人名用漢字の制限を緩和せざるをえない状況になりつつあることは、明白である。しかし、文部省を通じてその検討を国語審議会に依頼しても、当の国語審議会は「当用漢字表」の見直しに没頭していて、いつになったら人名用漢字に手を付けてもらえるのか、皆目見当もつかない。待っていられないとすれば、自分たちの手でこの問題に取り組むしかない。

法務省内に生じたこの動きを最初に伝えたのは、『サンケイ新聞』であった。同紙は、一九七四(昭和四九)年一月一一日朝刊の「サンケイ一〇〇〇人調査」で、人名用漢字の制限について、独自アンケートの結果を紹介している。このアンケートは、「法務省は人名漢字制限の撤廃を検討している」という情勢を受けたものだというが、結果は次の通りであった。

制限を「残しておいたほうがよい」　五〇％
「どちらでもよい」　二八％
「やめたほうがよい」　二二％

法務省がこのとき、人名用漢字の制限撤廃を検討していたかどうかは疑問であるが、ともかく、見直しの動きが報道され始めたことは確かである。『サンケイ新聞』に続いて、各紙がこの動きを報道するが、それが公に確定するのは、二月二〇日のことであった。この日、衆議院法務委員会で、稲葉《いなば》誠一《せいいち》衆議院議員の戸籍法改正に関する質問に対し、法務省民事局長の川島《かわしま》一郎《いちろう》は、人名用漢字の拡大も含めて、近く法務大臣の諮問機関である民事行政審議会に諮問する予定である、と説明したのである。

法務大臣から民事行政審議会への諮問が実際に行われたのは、三月一三日のことであった。しかし、三月九日の『読売新聞』の朝刊が、「くらしに沿う戸籍制度へ　人名漢字ふえそう」という記事で、「法務省せっかくの〝親心〟も、その一存で決まらないところに複雑さがある。国語審議会(文相の諮問機関)と微妙な調整が必要なのだ」と指摘するように、これは法務省サイドの見切り発車とでもいうべき諮問であった。

民事行政審議会が法務省の意向に沿って二年間で人名用漢字拡大を要望する趣旨の答申を出したとしても、それからあと何年かは現行制度が続きそうだ。気の遠くなるような長い話ではある。

これは、『読売新聞』の記者氏の正直な感想であったろう。

3　国語審議会と法務省の対立

着々と進む検討

民事行政審議会は、国語審議会と違って、その議事録が一般に公開されてはいない。したがって、このとき、人名用漢字に関してどのような議論がなされたのか、具体的にはわからない。しかし、議論の経過は速く、諮問から一年後の一九七五(昭和五〇)年二月二八日に答申が出されている。

子の名に用いる漢字について、当面は、「当用漢字表」・「人名用漢字別表」による制限方式を踏襲しながら、必要に応じその「人名用漢字別表」の漢字を追加する等の従来の措置を継続することとし、なお、国語審議会における今後の検討をまって対処するものとすること。

かみくだいていえば、国語審議会が「当用漢字表」の見直しを完了するまでの間、内閣訓令・告示の「人名用漢字別表」九二字に漢字を追加することで対処しましょう、ということである。

この答申を受けて、法務省が打った次の一手は、全国の市町村の戸籍窓口に対して、追加すべき具体的な漢字についての調査をすることであった。この調査は、一九七五年七月に実施された。その結果は年内にまとめられたようで、一二月二六日付の『毎日新聞』朝刊にそのうちの七六字が、翌年一月四日付の『朝日新聞』朝刊には一〇〇字が、二月発行の『戸籍』三六三号には頻度数付きで一二〇字が発表されている。とりあえず、『毎日新聞』所載の七六字を挙げておくこととしよう。

沙梨瞳梢悠紗芙佑隼旭紘杏喬梓瑠那渚茜允冴鮎絢葵怜藍耶阿
蓉侑甫翠槇李彬萌莉楓眸茉瑛伍璃碧洸惇脩慧虹諒皓迪柾矩玖
嵩栗頌堯孟巴苑駿稀宥笹暎緋鍵伶洵黎捷遙瞭遼躬

一二人の学識経験者たち

さて、ここまでくれば、あとはリストアップされた文字を国語審議会に渡して、その審議を待つ、という流れになるはずであった。なぜなら、「人名用漢字別表」は国語審議会の建議を採択して成立した内閣訓令・告示であり、法務省にそれをいじる権限はないからである。しかし、法務省の考えていたことは、少し違ったようだ。

全国の市町村の戸籍窓口での調査結果が発表された、一九七六(昭和五一)年一月四日付の『朝日新聞』朝刊の記事の中に、興味深い一節がある。

法務省は、人名漢字ワクを緩和することは、同省所管の施行規則を改正すれば実施できる、という見解をとっている。

思い起こせば五年前、一九七一(昭和四六)年の全国連合戸籍事務協議会総会の席上で、法務省民事局第二課課長の田代有嗣は、「これは戸籍法施行規則を改正すればできないわけはないわけですけれども」と言いながらも、「やはりこれは内閣告示でやりませんとおこられると思います」と発言していた。だとすると法務省は、「おこられる」ことを承知で、戸籍法施行規則の改正だけで人名用漢字の制限を緩和しようと、方針転換をしたことになる。

法務省は続いて、一二人の学識経験者から成る「人名用漢字問題懇談会」を開催して、絞り込まれた漢字について検討することにした。この懇談会は、法務大臣の私的諮問機関であり、一九七六年の三月から五月にかけて、四回ほど行われたようである。選ばれた一二人のメンバーの中には、国語審議会のメンバーが七人も入っていた。検討の結果、五月二五日、さらに絞り込まれた次の二八字を「人名用漢字別表」に追加したい、ということになった。

佑 允 冴 喬 怜 悠 旭 杏 梓 梢 梨 沙 渚 瑠 瞳 紗 紘 絢 翠 耶 芙 茜 葵 藍 那 阿 隼 鮎(字体は一九七六年内閣告示による)

ここまできてようやく法務省は、文化庁あてに「人名用漢字の追加について(依頼)」という文書を出して、この問題について国語審議会の了承を求めたのである。

国語審議会の四半世紀

一九七六(昭和五一)年七月二日午後二時、東京は平河町、赤坂プリンスホテルのそばにある都道府県会館の本館六〇一号室で、第九九回の国語審議会総会が開催された。この日の一番の議題は、法務省からの依頼による、人名用漢字の追加についてである。

このときの国語審議会は、第一二期にあたり、二六年前の第一期からすれば、メンバーは全く異なっていた。会長は、共同通信社の社長、福島慎太郎《ふくしましんたろう》であり、副会長は、電気工学者で東京大学名誉教授、ローマ字論者としても知られた古賀《こが》逸策《いっさく》であった。

一九六六(昭和四一)年に「当用漢字表」の見直しについて諮問を受けたのは、第八期の国語審議会であった。それから第一〇期までの三期六年の時間をかけて、国語審議会はまず当用漢字の音訓についての再検討を行った。続く第一一期になって、ようやく当用漢字に含まれる字の種類に関する再検討が始まり、新しく作られる漢字表は、その基本的性格として「現行の当用漢字表のように制限的なものとはしない」というところまでが決まって、第一二期を迎えていたのである。

この「制限的なものとはしない」という考え方からすれば、人名用漢字に二八字を追加することは、それに沿うものでこそあれ、逆行するものではないと思われた。国語審議会の了承は、たやすく得られるはずであった。この日の議事録を読むと、少なくとも運営委員会のメンバーは、そう思っていた節がある。ところが、事態はそのようには進まなかったのである。

漢学者の微妙な発言

最初に口火を切ったのは、宇《う》野《の》精一《せいいち》である。著名な漢学者であり東京大学名誉教授、そして人名用漢字問題懇談会のメンバーでもあった宇野は、まず、その懇談会の最初に次のように発言したことを、国語審議会の他のメンバーに対して報告した。

「人名用漢字問題懇談会は法務大臣から私的に相談されたような形であるので、ここで出た結論は、法務大臣において処置すればいいことであって、国語審議会に了承を求めるとか何とかいうことは不必要だと思う」

このように念を押したことを述べた上で、宇野は次のように結論付ける。

「今回このような依頼があったが、国語審議会としては、承ったといっておけばいいと思う。むしろそうしなければ、人名用漢字問題懇談会に参加した者としては、越権行為をしたことになるように思う」

微妙な発言である。了承を求める必要はないから、承ったといっておけばよいと言う。その真意はどこにあるのか。議論はこの微妙なラインに乗って走り出したのであるが、もう少し輪郭をはっきりさせたのは、国語学者で、上智大学教授の森岡健二《もりおかけんじ》であった。森岡も人名用漢字問題懇談会のメンバーであり、そこでの議論の経過について、次のように述べたのである。

「一応国語審議会には報告するが、国語審議会と関係のないところで、戸籍法の省令改正によって人名用漢字を増やすことができる、というように了解して漢字の選定が始まった」

これは、先に見た法務省の方針転換と一致する。であれば、なにゆえにこの日、国語審議会で人名用漢字について議論せねばならぬのか。森岡は続ける。

「人名用漢字問題懇談会が終わってから、それを実際に行うためには、やはり昭和二六年の場合と同様に内閣告示・訓令を出す必要があり、そのために国語政策という観点からどうかということを加えて、国語審議会の意見を聞くことになったと聞いている」

こちらは、方針転換前の法務省の認識と一致する。「内閣告示でやらなくてはおこられる」である。したがって、事実の経過が森岡の言うとおりだとすれば、法務省の方針転換が間違っていたことになるのである。

国語審議会のメンバーのうち、人名用漢字問題懇談会にも出席したメンバーたちは、この点にひっかかりを感じていた。彼らはこの日、自らが作り上げた二八字の追加案に積極的に賛成しはしなかった。この奇妙な現象の原因は、このひっかかりにあったのではないだろうか。

国語審議会の議論の流れは、それでも、今回の結論を了承する、という方向へ傾いていった。しかしそこへ、内閣法制局次長の真田秀夫《さなだひでお》が、口を挟んだ。真田はまず、

生みの親の責任

ここまでの議論を聞いていると、法務省民事局と国語審議会の関係について、国語審議会のメンバーが「正確な御認識をお持ちになっているのかどうか、やや不安に感じる」と言い、その点について説明を始めた。

「私が見るところでは、法務大臣は一般には、省令は出せるが、この場合については、内閣訓令というものがあって、法務大臣もこの内閣訓令の拘束を受けるので、今すぐに戸籍法施行規則第六〇条を改正できるかというと、やはりできないと思う」

ここまでは、森岡の発言を説明し直したに過ぎない。内閣訓令・告示である「人名用漢字別表」は、国語審議会の建議に基づくものであるから、それを改めるためには、国語審議会での議論が必要なのだ。しかし真田は、議論をもう一歩先へと進めていく。

「今度も当審議会の何らかの積極的なアクションがなければならない。それがないと、内閣としては、法律に基づく審議会の建議に基づいて出した訓令なり告示なりを勝手に改めるわけにはいかないと思う。これは行政実務としては当然のことであって、そういう意味から、当審

議会は法務省限りでやったことの報告だけ聞いて済ませるというわけにはいかない筋合いであると、私は考えている」

つまり、内閣訓令・告示としての「人名用漢字別表」を生み出した当事者として、国語審議会はその責任を取って、今回の追加に「何らかの積極的なアクション」をしなければならない、と迫ったのである。それは事実上、事後承諾を与えよと言っているのと同じであった。

四半世紀前、衆議院の戸籍法改正に対抗するために利用した内閣訓令・告示という方法が、こんな形ではね返ってくるとは、だれも予想していなかったことだったに違いない。

法務省のもくろみ

真田は内閣法制局の人間であって、法務省の人間ではない。しかし、内閣法制局と法務省との間に何の連絡もなかったはずはないだろう。先の法務省の奇妙な方針転換と、この日の真田の発言を結びつけて考えると、私は、両者は連携していたのではないかという疑念を振り払うことができないのである。

真田が「行政実務としては当然のこと」と言い切るようなことを、法務省が全く気づかなかったはずはあるまい。田代課長の発言を思い出しても、真田と同じ認識に立っていたことは間違いない。だとすれば、あの方針転換に無理があったことも、認識していたはずだ。

つまり、こう思うのだ。人名用漢字の制限を早急に緩和したいと法務省が考えたとき、その妨げになるのは、いつまでたっても「当用漢字表」の再検討が終わらず、人名用漢字の先行審議には見向きもしない国語審議会だった。そこで法務省としては、自前で追加案を作成し、それをほとんど既成事実とした後で、国語審議会に賛成させようとした。そのためには、法務省単独で戸籍法施行規則を改正するだけで人名用漢字を改正できる、と信じているふりをしなくてはならなかったのではないだろうか。

真田秀夫の発言により、国語審議会は「何らかの積極的なアクション」をとらざるを得ないところに追い込まれた。しかし、最後の最後に法務省のもくろみは外れることになる。この日、国語審議会はとうとう、「何らかの積極的なアクション」をとることに対して、イエスとは言わなかったのである。

「人名用漢字追加表」の誕生

国語審議会はどうしてイエスと言わなかったのか。宇野精一は、今回も「人名用漢字別表」のときと同じ手続きをとればよかったのだが、「今からでは手遅れである」と言う。漢字表委員会の主査であった岩淵悦太郎《いわぶちえつたろう》は、人名用漢字の今後については、「国語審議会で十分討議しなければいけないことであって、法務大臣の私的懇談会ぐらいのところで論ずることはできない」と言う。福島会長は、内閣告示がネックになっているのであれば、この問題は本来、内閣から聞いてくるのが筋ではなかったか、と言う。国語審議会は、法務省案の内容ではなく、手続きに同意できなかったのである。

議事録によれば、第九九回の国語審議会総会での人名用漢字に関する議論は、運営委員会が引き取って結論を出す、という形で終わっている。「国語審議会の将来の作業に支障がないように、同時に国語審議会の権威にもかかわらないように、しかし国語審議会の考えている真意は変えたくないということを前提にして」運営委員会で回答文を考えて返事をする、というのである。

それから一週間が過ぎた七月九日、国語審議会の運営委員会は持ち回りの委員会を開き、この問題についての結論を出した。それは次のような文書にまとめられた。

国語審議会は、現在、当用漢字表の改善について、その性格を制限的なものとしないとの方針で検討中であるが、今回、人名用漢字について、当面の追加措置が講じられることは、これを了承する。

これを「何らかの積極的なアクション」とみなせるのだろうか。答えはノーであろう。そのことは、七月三〇日付で改正された戸籍法施行規則が、次のようになっていることからわかる。

第六十条　戸籍法第五十条第二項の常用平易な文字は、次に掲げるものとする。
一　昭和二十一年内閣告示第三十二号当用漢字表に掲げる漢字
二　昭和二十六年内閣告示第一号人名用漢字別表に掲げる漢字
三　昭和五十一年内閣告示第一号人名用漢字追加表に掲げる漢字
四　片仮名又は平仮名(変体仮名を除く。)

国語審議会のこの程度のアクションでは、内閣告示「人名用漢字別表」そのものを改正する根拠にはならなかったのである。そこで苦肉の策として、「当用漢字表」の外側に設けられた「人名用漢字別表」のさらに外側に、「人名用漢字追加表」を付け加えることにしたのだろう。「人名用漢字追加表」とは、同じく七月三〇日付で制定された、先の二八字をその内容とする内閣告示である。「人名用漢字別表」の根拠は、法律に基づいて設置された、文部大臣の諮問機関である国語審議会の建議であり、「人名用漢字追加表」の根拠は、法務大臣の私的諮問機関である人名用漢字問題懇談会の提案である。両者は、決して同列のものではありえなかったのである。

このような経過をたどった「人名用漢字追加表」の誕生は、一つの大きな問題を投げかけることとなった。二五年前、手を取り合って衆議院法務委員会に対抗した文部省＝国語審議会と法務省とが、今では対立しかねないことが明らかになったのである。

一つの時代の終わり

国語審議会から見れば、法務省が主体的に人名用漢字に関わってくることは、「国語審議会の将来の作業」に支障をきたす恐れがあり、「国語審議会の権威」をおとしめる可能性があり、「国語審議会の考えている真意」をねじ曲げかねない、と映ったのであろう。法務省とすれば、自らの管轄する戸籍行政を円滑に運営する上で、国語審議会にいちいちお伺いを立てなくてはならぬ部分が存在することは、自らの手を縛ることになると実感されたのであろう。

この対立は、何を意味しているのだろうか。国語審議会の審議が、あまりにゆっくりにしか進まないことがいけなかったのだろうか。それとも、法務省が要らぬ知恵を使ったことがいけなかったのだろうか。それだけではあるまい。

先に見たように、一九六五(昭和四〇)年ごろから、子どもの名付けには変化が生じ始めていた。その特徴は、「感覚の西欧化」と「個性の時代」というキーワードで捉えることができた。「感覚の西欧化」の背後には、西欧諸国に追いつき、ある一定程度の民主化が達成された日本社会があったはずだ。国民全体が、日本の再建という一つの方向を向いて走ってきた時代は終わったのである。漢字の封建的性格の消滅も、そんな社会状況の反映だったのだ。

それは、漢字制限という思想に対して、多くの人が結集できる大義名分が失われたことを意味していた。「民主化」という合いことばは、その役割を終えたのである。国語審議会が「当用漢字表」の再検討にあたって、その制限色を薄めることを決めたのは、それを公に認めたということなのだ。

そもそも名付けの漢字制限とは、「ことばの民主化」が「戸籍の民主化」に要請する形で生まれたものだ。「民主化」という合いことばが効力を発揮しなくなったいま、名付けの漢字制限について、文部省＝国語審議会側であれ、法務省側であれ、その根拠をどこに求めたらよいのだろうか。

これこそが、「人名用漢字追加表」誕生の物語が提起した問題であった。この問題提起を受けて、人名用漢字はいったいどういう運命をたどることになるのだろうか。

4　国語審議会との訣別

一九七六(昭和五一)年の段階では、国語審議会は人名用漢字の問題について、終始、法務省に主導権を握られっ放しだったといえる。しかし、一九七七(昭和五二)年一月二一日の第一〇一回の総会で「新漢字表試案」の完成にまで漕ぎ着けたことで、ようやく国語審議会にも、この問題に取り組む余裕が生じてきた。「新漢字表」は、あとは若干の手直しをして答申まで持って行けばよいはずであり、「当用漢字表」の再検討という永年の課題に、ひとくぎりがついたからである。

第一三期国語審議会

そこで、同年四月一一日の第一〇二回の総会をもって発足した第一三期の国語審議会では、人名用漢字の問題がさかんに議論されることになった。この期の実質的な最初の審議となった第一〇三回総会は、九月三〇日に開かれた。場所はあの時と同じ都道府県会館本館の、六〇二号室である。会長は、前期から引き続いて福島慎太郎が務めていた。彼は、人名用漢字の問題を取り上げる最初にあたって、次のような問題意識を示した。

「人名漢字は、現在のような法務省の管轄下における制限的な形として残るべきものであるのか、それとも漢字表の性格が変わるのだから制限を撤廃すべきものであるのか、意見をお聞かせいただきたい」

議論の焦点は、まさにここに示されていた。

法務省の管轄下における制限的な形

民主的な社会を建設するためには、だれにでも使いこなせる国語が必要であり、そのためには漢字を減らさなければならない。——これが、「当用漢字表」の基本的な考え方であった。民主的な社会の建設という大義のためには、個人の自由をある程度束縛することもやむを得ないとされたのである。かくして、「当用漢字表」は漢字を制限するという性格を持つことになった。平たく言えば、さまざまな事情があるにせよ、原則としては当用漢字以外の漢字は使わないでください、ということである。

けれども、民主的な社会の建設がある程度進み、個性が重視される時代になってくると、「さまざまな事情」の重みが増してくる。「使いたい漢字があるのに使えない」という不満が大きくなってきたのである。そこで、「新漢字表試案」では、その「制限」を改めて「目安」にする、という。だいたいこの表を目安にして、あとはそれぞれの事情に応じてやってください、という態度である。

「使いたい漢字があるのに使えない」というのは、その漢字が他の文字では置き換えができない、ということだ。つまり、「個性の時代」に後押しされて、漢字の唯一無二性が増大しつつあったということだ。国語審議会は、その現実を受け入れたのだ。これは、戦後の国語政策の中で、大きな転換であった。

この転換に対応して、人名用漢字も「制限」をやめるのかどうか。それが、福島会長の示した議論のポイントであった。第一章で見たように、漢字の唯一無二性は、名付けの漢字において顕著に現れるのである。だとすれば、この議論のポイントは、漢字一般を対象とした議論よりも先鋭的になることが予想されたことであろう。

しかし、実は福島のこの発言の中には、もう一つ、別のポイントが見え隠れしているように思われる。それは、「現在のような法務省の管轄下における制限的な形」という部分である。

「人名用漢字別表」というものが、国語審議会の建議に基づいて定められたことは、これまでに見てきたとおりである。しかし、一九七六(昭和五一)年の「人名用漢字追加表」制定を経て、この当時、少なくとも国語審議会会長である福島慎太郎の脳裏には、人名用漢字問題は法務省のもの、という認識があったのではないだろうか。この認識に立った場合、人名用漢字の制限を続けるかやめるかという問題点のほかに、それを国語審議会で決めてよいのか、という問題点が浮上してくるのである。

整理すれば、このときの国語審議会の中には、三つの立場があったといえるだろう。一つ目は、人名用漢字の制限撤廃を主張する立場、二つ目は、制限維持を主張する立場、そして三つ目は、その問題は法務省に預けるべきだとする立場、ということになる。

三者三様の主張

それぞれの立場の代表的な意見を、第一〇三回国語審議会総会の議事録から拾っておこう。制限撤廃を主張する意見の代表は、漢学者の宇野精一であった。

「当用漢字は、いろいろ議論はあろうが、現実問題として明らかに制限であり、更に申すならば、漢字を段々減らしていくという目的をもって制定されたものであることは明らかだと思うので、その方針が、今度の新漢字表によって「目安」に変わり、制限はしないという国語審議会としての態度がはっきりした以上、やはり人名漢字についても国語審議会としては制限を撤廃することが望ましい、あるいはすべきであるというくらいの意見を述べるべきであると思う」

一方、制限維持を主張する意見は、印刷業界や放送業界など、漢字と実務的に付き合わなければならない分野に多かったようだ。凸版印刷株式会社の社長であり、日本印刷工業会会長も務めていた沢村嘉一《さわむらかいち》は、次のように述べている。

「現在使われている当用漢字が制定されてから相当長い期間たっており、いいか悪いかは別問題として、国語に対する表現の形が一つできている。それが印刷の側から見ると技術の進歩にもなってきている。（中略）せっかく今まで一つの形ができてきたものを、人名だけのために、そういう進歩が、あるいは能率が壊されてしまうことは十分あり得ることなので、その点の一つの筋目を考えていただきたい」

最後に、法務省に預けるべきだとする立場であるが、この日の段階では、はっきりとそれを主張する意見は現れてこない。ただし、平凡社社長であり、日本書籍出版協会理事長でもあった下中邦彦《しもなかくにひこ》の次のような発言は、この立場から読み解かれるべきであろう。

「従来の人名漢字についての議論を捨て去って、新漢字表ができたときには、これを人名にあてはめてどういうように処理するかということを国語審議会でも従来のいきさつから当然提言する必要があるだろうが、むしろもっと広い外側に問題があると思う」

下中は、人名用漢字の問題は国語審議会の「外側」にある、と言っているようである。

言語学者、乗り出す

第三の立場はともかくとして、制限撤廃と制限維持とは、根本から相容れないものである。その両者の対立をなんとか収拾しようと乗り出したのは、言語学者として知られる鈴木《すずき》孝夫《たかお》であった。第一〇三回総会の席上、鈴木はまず、「実際問題として人名にいろいろな漢字が使われると、どういうふうに困るのだろうか」という質問を発している。「人に読まれない、間違って読まれる、そういうことが本人以外の他者にとって社会的に困ると言える根拠は何なのだろうか」と言うのである。

この鈴木の疑問に対して、福島会長は、次のように答えた。

「刷れない字がかなり多いということは、出版印刷関係では相当困る問題である。また、人の名前が読めないというのは、読み違えられた本人の問題だけであるということでは済まないと思う」

この答えは、鈴木も予想していたのであろう。それを踏まえて彼は、一つの提案をする。

「どんな複雑な日本人の名も仮名さえ付けてくれれば読めるので、人の名が仮名で印刷されることを覚悟して、どんな変な漢字でも使いなさいというふうにすれば、本人の権利主張と、受け入れ側の社会との摩擦が余りなく、この問題が一つ解決するのではないか」

この提案は、約二か月後の一一月一八日に開かれた第一〇四回総会では、さらに深化したものとなって現れる。鈴木はこの日、公共料金などの請求書が、このころ、住所も名前もすべてカタカナで印刷されて送られてくることがあったのを取り上げて、

「名前を漢字でなく仮名で書くということは、法律的に考えると、自分の名前ではないと言えるのかどうか。つまり自分ではないから払わないと言えるのかどうか」と問いかけた。むろん、答えはノーである。だとすれば、「名前の社会的な共有財としての面は発音である」のではないか。そこで、

「正しく読めるということが社会的に一番大事で、どういう字を使うかということは、その人の個人的な生活の、いわばプライバシーの問題だから、規則ではなるべく制限しないというふうに考える」

ことはできないか、と提案したのである。

読み方と書き方との分離

鈴木孝夫は自分の考えを、最終的に次のようにまとめてみせた。

「名前の個人的な面、社会的な面を両立させるためには、現在、仮名書きで非常に広く社会的な慣行として認められているあて名とか他人の名の書き方とかの問題をもう少し考えてみて、それに沿った形で名前を処理することによって、事実上は制限がなくても、印刷関係及び官公庁が迷惑を受けることがない、つまり、両方とも得な方法がありはしないか」

鈴木のこの議論は、日本人の名前を考える上で、非常に重要なポイントを突いたものであっ

た。日本人の名前の本体は、いったい、その読み方であるのか、それとも書き方であるのか。もちろん、両者が渾然一体となったところに日本人の名前が存在しているわけであるが、鈴木はそれを大胆にも二つに分け、前者にオフィシャルな役割を、後者にプライベートな役割を与えることによって、制限維持という社会の要請と、制限撤廃という個人の自由とを両立させようとしたのである。

一九七五(昭和五〇)年、鈴木は『閉された言語・日本語の世界』と題する一冊の書を世に問うた。欧米に成立した言語学では、言語の本体は音声であって、文字はその影に過ぎない、とする考え方が一般的であった。鈴木はこの本で、日本語の場合はそうではない、と主張する。日本語においては、漢字という文字が、言語本体の一部としての役割を果たしているのだ、と。そのような鈴木の日本語観が、人名用漢字の問題においては、非常にテクニカルな形で発揮されたと見ることができるだろう。

鈴木提案の意味

第一〇四回総会での鈴木提案は、さまざまな議論を引き起こしつつ、最終的には完全に消化され切らないままにうやむやになって終わっている。確かに鈴木提案は、漢字の読み方と形とに別々の役割を割り振るという点で、画期的であった。

しかし、漢字とは不思議なものだ。漢字で書き表される名前を持つ人々は、オフィシャルな場面でも、自分の名前を漢字で書いて欲しかったのである。カタカナの請求書に対して、自分あてではないような気がしながら、料金を払い続けていたのだ。つまり、自分の名前の漢字は、仮名では置き換えが効かないのだ。

鈴木提案とは、漢字の唯一無二性を、プライベートな場面にのみ限って無条件で容認しようとするものであった。いわば、唯一無二性に対して、譲歩を求めたのである。しかし、唯一無二性は、その提案を受け入れなかったのだ。

そうではあれ、私の見る限りでは、この期の国語審議会の議論の中で、制限維持派と制限撤廃派の対立とを昇華できる可能性があったとすれば、この鈴木提案のみであったように思う。それを生かせなかった時点で、この問題に関して審議会内部の意見を一本化することは、きわめて難しくなったのであった。

スケジュールの圧迫

制限維持派と制限撤廃派との対立が解消できないとなれば、俄然、第三の立場が浮上してくる。この問題は法務省に預けるべきだ、とする立場である。それを加速させたのは、翌一九七八(昭和五三)年四月七日に開かれた第一〇六回の総会で示された、今後のスケジュールであった。

この期の国語審議会の任期は、一九七九(昭和五四)年三月までであった。予定としては、任期の終わりに、審議内容の目玉である「新漢字表」を答申することになっていた。「新漢字表」は「当用漢字表」に代わるものであるから、当然、内閣訓令・告示となる。答申を受けて内閣訓令・告示となるまで、ふつうは半年程度が必要であり、そうすると、その公布は同年九月ということになる。

一方、人名用漢字については、法務省では民事行政審議会を開いて、戸籍行政の面から検討することになるという。その任期は一年である。そこで、「新漢字表」の公布の時期と新しい人名用漢字の発足の時期とが一致するためには、民事行政審議会は一九七八年九月から審議を開始しなくてはならないということになる。ところで、現在はすでに一九七八年四月だ。とすれば、夏ごろまでには、国語審議会は法務省に対して、人名用漢字をどうすべきかの意見を伝えなくてはならないということになるのである。

具体的に言えば、次回の総会あたりで結論を出さねばならない、ということになる。いきなりな話である。

このスケジュールを受けてこの日の総会で提案されたのは、審議会内部でアンケートをとり、その結果に基づいて次回総会で結論を出してはどうか、ということであった。ところが、これに対しても異論があった。前に第三の立場の代表として紹介した下中邦彦が、アンケートをとってもあまり意味がないだろう、「国語審議会は人名漢字について縁を切るというふうにしたらいかがかと思う」と述べたのである。

この下中発言は、第三の立場の高まりを示しているのだろう。たしかに、制限維持派と制限撤廃派との溝を埋める希望がない以上、アンケートをとっても、状況に変化が生じるはずはなかったのである。

「目安」をめぐる議論

ともあれ、アンケートは実施された。六月三〇日の第一〇七回総会で報告されたその結果を見ておこう。回答者は、四三名である。

ア 子の名に用いる漢字は一定範囲に制限する　(合計一〇名)

　A 字数は現状程度とする　七名

　B 字数はもっと増やす　三名

イ 子の名に用いる漢字は目安とする　(合計二七名)

　A 字数は現状程度とする　二四名

　B 字数はもっと増やす　二名

　C 字数はもっと減らす　一名

ウ　子の名に用いる漢字は自由とする　　五名
エ　その他　　一名

数字だけを見ると、「子の名に用いる漢字は目安とする」というところで集約できそうにも見える。しかし、議論は「目安」の解釈をめぐって紛糾した。制限撤廃派は、目安はあくまで目安であって制限ではない、したがって事実上自由なのだ、と解釈する。ところが制限維持派は、「子の名に用いる漢字は「新漢字表」を目安とする」のであって、その結果できあがった人名用漢字は制限でよいのだ、と解釈する。つまり、両者の対立が、一見それを中心に集約ができそうに思われたこの意見に、実は如実に現れていたのである。

「目安」をめぐる議論は延々と続いた。その間に、法務省に預けるべきだという雰囲気が強くなっていったのは、想像にかたくない。結局、アンケート結果に基づき、さまざまな意見を併記した上で、国語審議会は法務省に対して、次のように言うしかなかったのである。

「今後、戸籍事務の適正化等民事行政の改善の観点から子の名に用いる漢字及びその扱いを検討されるに当たっては、これらの意見について十分配慮されるよう要望したい」

結論は民事行政審議会にゆだねられたのである。

第一三期の国語審議会が目指していた「新漢字表」の答申は、結局のところ中間答申にとどまり、最終的にはさらに二年後の一九八一(昭和五六)年、第一四期の終わりに「常用漢字表」として答申されることになる。そのことを考えると、第一三期で、人名用漢字問題の議論にもっと時間を割いてもよかったのではないか、とも思う。

そもそも、突然示されたあのスケジュールは、考えてみれば当たり前で、最初から予想できたはずだ。にもかかわらず、期限直前になって言い出したところから見れば、第一三期の国語審議会の運営メンバーは、人名用漢字問題にあれ以上時間を割いても、議論に進展はないと判断していたのではないだろうか。それほどに、対立は根深かったのである。

結局、下中邦彦の言うとおり、国語審議会は人名用漢字と縁を切ることとなった。時間的には少し飛ぶことになるが、その最終的な態度を、一九八一年三月二三日に答申された「常用漢字表」の「前文」で確認しておこう。

法務省への移管

固有名詞に用いる漢字のうち、子の名に用いる漢字については、当用漢字表に関連するところもあり、広く国語の問題にかかわるものとして従来国語審議会も関与してきたが、この問題は、戸籍法等の民事行政との結び付きが強いものであるから、今後は、人名用漢字別表の処置などを含めてその扱いを法務省にゆだねることとする。その際、常用漢字表の趣旨が十分参考にされることが望ましい。

人名用漢字の側からすれば、その生みの親から絶縁状を突き付けられたことになる。その原因はといえば、前節の終わりにも述べたように、「ことばの民主化のためには漢字制限が必要だ」という思想が、その役割を終えたことに求めることができるだろう。

この後、人名用漢字は法務省と寄り添って生きていくことになった。この章の最初で、この時期に人名用漢字の性格が大きく変化したと述べたのは、このためである。そもそもの発起人であった文部省＝国語審議会が漢字制限の旗を降ろした以上、今後の名付けの漢字制限の意味付けは、法務省にゆだねられたのである。

法務省はいったいいかなる理由で、名付けの漢字制限を維持していこうとするのだろうか。

5　戸籍実務家たちの戦い

ご用済みの古新聞じゃない！

　国語審議会が人名用漢字に関する意見を法務省に伝えたのは、一九七八（昭和五三）年七月一八日であった。しかし、このころの新聞報道には、人名用漢字に関する動きは見られない。この時期、いち早く動きを見せたのは、またまた戸籍実務家たちであった。

　これまで何度か紹介してきた雑誌『戸籍』とは別に、『戸籍時報』という雑誌がある。一九七八年一〇月発行の『戸籍時報』二四六号は、その巻頭の「時評」欄で、「新漢字表と人名用漢字」と題してこの問題を取り上げた。その主張は、「新漢字表」の性格に従って人名用漢字が目安的なものになると、「難解難読な人名が出現することになるので問題である」というものである。

　この同じ号で、同誌編集部は、人名用漢字に関する「アンケート」を行い、「わたしの主張」を募集すると発表した。その告知文には、次のように言う。

当然、私たちは、漢字が二千やそこらしかないとは思ってはいない。表外の漢字を用いることで、言語生活が豊かになることも知らないではないし、否定するものではない。しかし、こと行政に関していえば、この「当用漢字表」の果たした役割を、まるでご用済の古新聞並みに扱うことには異議をとなえるものである。

きわめて実務的な問題

「当用漢字表」の制限的性格が緩和されて、「新漢字表」が目安となることは、このころ、すでに周知の事実であった。そして、それを歓迎する向きも多かったのである。しかし、戸籍実務家たちは、目安的性格が人名用漢字にまで持ち込まれることに、強く反対し始めたのである。

『戸籍時報』が行ったアンケートは二種類あった。一つは、戸籍担当者に対するものので、もう一つは、出生届を出しに来た一般人を対象にしたものである。ここではまず、戸籍担当者に対してのアンケートを見ておくことにしよう。

人名用漢字の制限に賛成	八七・〇％
反対	一〇・六％

どちらでもない　　二・四％　（回答総数四一七通）

この結果から見ても、大勢として、戸籍実務家たちは制限維持派であった。そのことは、同じ年の一〇月に開かれた、第三一回全国連合戸籍事務協議会で、東京都から出された次のような要望が採択されたことからも明らかである。

国語審議会においては、新漢字表を制定し、これを目安的なものとする方向で審議が進んでいるようであるが、人名用漢字の取扱いについては、現行どおり制限する方針を維持するよう要望する。

これまで、人名用漢字の枠を拡大する動きの先陣を切っていたのが戸籍実務家たちであることは、すでに見てきたとおりである。それならばどうして、彼らは人名用漢字の制限撤廃にかくまでも反対するのだろうか。そこを見極めるためには、『戸籍時報』がアンケートと同時に募集した、人名用漢字に関する「わたしの主張」がとても参考になる。

「わたしの主張」は、一九七八（昭和五三）年一二月発行の同誌二四八号に五編、掲載されているが、そのうちの三つを掲載順に見てみよう。

まず、広島県内の市役所に勤めるI氏は、タイプライターにない漢字を使わざるを得なくなると、「手癖による誤記はどうしても避けることができなくなり、正字とも誤字ともつかない「名」が続出することは必定である」と言う。北海道内の町役場のY氏は、制限撤廃になった場合、「出生届書に記載されている子の名の漢字が果たして正字であるのか誤字であるのかどのように判断」すればよいのか、と疑問を呈する。タイプ化は自治体自らが導入したものであるから「万字の活字をそろえる義務があるとも思えるが、低使用効率と数の無制限に加え高価格の難点があり」と言うのは、東京都内の市役所で働くK氏である。

戸籍実務家たちは、タイプの導入と正字誤字の判定という、きわめて実務的な問題意識に基づいて、制限撤廃に反対したのである。

正字と誤字の境界線

ここで説明が必要なのは、正字誤字の判定の方だろう。当時、小型の和文タイプライターがふつうに備えていた漢字の数は、二〇〇〇をちょっと超えたくらいである。人名用漢字の制限が撤廃されると、タイプにない漢字が名付けに用いられることは確実だ。その場合、すべての書類のその部分は手書きせざるを得ない。そうすると、いくら注意しても、転写を繰り返すうちには書き癖による誤字が生じて、行政に混乱が生じるである。これが、I氏の心配である。

一方、Y氏の危惧はもう少し別のところにある。出生届が窓口に提出されるとき、そこに書かれた漢字が、届出人の記憶違いやあるいは書き癖などによって、一見したところ、「正しい漢字」であるとは思えないようなケースもありうる。そんなとき、人名用漢字の制限がなされていれば、たとえば「当用漢字表」や「人名用漢字別表」などを示して、「お使いの漢字がこの中には見当たらないのですが」と指摘すればいいわけだ。でも、制限がなくなればそうはいかなくなる、というのだ。

ましてや「個性の時代」である。命名者が個性を大いに発揮しようとして、ふつうの人は見たこともないような漢字をどこかから探し出してきて、「この子はこの漢字で行きます」と言ってくる可能性は十分にある。戸籍実務家たちは漢字の専門家ではないのだ。そんな漢字が「正しい」のかどうかを、どうやって判断すればいいのか。

K氏の言うように、タイプが導入しにくくなることも、もちろん大問題だ。しかし、漢字が機械となじみにくいということは、それこそ明治以来、何度となく指摘されてきたことだ。それよりも、人名用漢字の制限が撤廃されることで、正字と誤字との境界線があいまいになることの方が、戸籍実務からすると困った問題だったのではないだろうか。

打てる手はすべて打つ

法務大臣が、「国語審議会においては、当用漢字表を廃止し、新漢字表(仮称)を制定すべき旨の答申がなされる見通しとなったことに伴い、戸籍法施行規則第六十条の取扱いについて意見を承りたい」と民事行政審議会に諮問したのは、年が代わって一九七九(昭和五四)年の一月二五日のことである。これに先立つ一五日付の『朝日新聞』朝刊の報道によれば、この時点での法務省内の意見は次の通りであった。

手直しの方向については、いまのところ法務省などでも①人名は一般の文章とは異なった性格があるので、現行通り法律で一定の範囲に制限するのはやむをえない②「新漢字表」は制限的なものでなく目安として示されるのだから、人名漢字も目安として扱うべきだ③法律の制限は一切取り払うべきだ——と意見が分かれている。

一月七日、『朝日新聞』の朝刊に「人名漢字これで十分」という見出しの付いた記事が載った。これは先に紹介した『戸籍時報』のアンケートを元にして書かれたものである。ただし、中心は、先ほど取り上げなかった一般人を対象としたアンケートである。紹介された中からいくつか項目を拾うと、次のようになる。

名前をつけるとき、漢字に制限があることを知っている　八五・一％
制限外の漢字を使いたいと思ったことがある　六・〇％
制限は、現状のままでよい　六二・六％

この結果を踏まえて、『戸籍時報』の編集部は『朝日新聞』に、「人名漢字の制限撤廃の声が大きいが、この結果むしろ現状肯定の方が強い」というコメントを寄せている。

戸籍実務家たちは、この記事を通して、自分たちの考えを広く世間に訴えることに成功した。彼らは、民事行政審議会の本格的な審議が始まる前に、打てる手はすべて打ったのである。

先手必勝　前にも述べたように、民事行政審議会は国語審議会と違って、議事録が公開されていないので、議論の詳細は、わからない。しかし、その審議は、今度も速やかに進行したようである。早くも五月三一日、第四回目の総会で、人名用漢字は現行の制限方式を維持すべきであるとの中間決定を行うに至った。

この決定を新聞各紙が伝えたのは、六月三日である。それらの報道を総合すると、この中間決定の理由付けは、次の四点であるといえる。

１　名前は広く社会に通用することが望まれるので、一定の制限はやむを得ない。
２　親のエゴによる命名は防ぐべきだという観点からも、制限が必要である。
３　現行の制限方式は実施以来三十数年が経ち、国民にも定着し、支持されている。
４　人名用漢字を自由化すると、戸籍事務の機械化に支障をきたす。

このうちの４が戸籍実務家たちの意見であったことはもちろんだが、３も先のアンケートの影響下にあることは、間違いのないところであろう。

折しも六月五日、第一四期の国語審議会の最初の総会が開かれた。この席上で、宇野精一は民事行政審議会の中間決定に対して、国語審議会として遺憾であるとの意思表示をすべきではないかと発言した。また、六日の『朝日新聞』朝刊の「天声人語」もこの問題を取り上げ、「この判断は少し性急すぎるのではないか」「戸籍係は人名漢字の「目安」を示すだけでいい。最終判断は親にまかせるべきではないか」と訴えかけた。

しかし、時すでに遅し、である。中間決定は覆ることはなかった。先手必勝を期した戸籍実務家たちの勝利であった。国語審議会をあれだけ紛糾させた、人名用漢字の制限撤廃の目は、あっけなくもなくなったのである。

一四一字の追加

それから二年足らずの間、二六名の委員から構成される民事行政審議会では、具体的な漢字の選定が行われた。その結果、最終的に「常用漢字表」と合わせて、総計で二一一の漢字を、人名用に使えるようにすることになる。これまでの「当用漢字表」「人名用漢字別表」「人名用漢字追加表」の三つを合わせた総数は一九七〇字であったから、一四一字の増加となる。

戸籍法施行規則は、一九八一（昭和五六）年一〇月一日付で、次のように改正されることになった。

第六十条　戸籍法第五十条第二項の常用平易な文字は、次に掲げるものとする。

一　常用漢字表（昭和五十六年内閣告示第一号）に掲げる漢字（括弧書きが添えられているものについては、括弧の外のものに限る。）

二　別表第二に掲げる漢字

三　片仮名又は平仮名（変体仮名を除く。）

従来の「当用漢字表」一八五〇字は、第一項で言う「常用漢字表」に改定されて一九四五字になったが、その差の九五字の中には、人名用漢字から「昇格」したものも含まれていた。それらを除いて、常用漢字に追加された漢字のうち、新たに人名用として使えるようになったものは、次の八七字である。

猿 凹 渦 靴 稼 拐 涯 垣 殻 潟 喝 褐 缶 頑 挟 矯 襟 隅 渓 蛍 嫌 洪 溝 昆 崎 皿 桟
傘 肢 遮 蛇 酌 汁 塾 宵 縄 壌 唇 据 逝 栓 挿 曹 槽 藻 駄 濯 棚 挑 眺 釣 塚 漬 亭
偵 泥 棟 搭 洞 凸 屯 把 覇 漠 肌 鉢 披 扉 猫 頻 瓶 雰 塀 泡 俸 褒 朴 僕 堀 抹 岬
妄 厄 癒 羅 戻 枠

人名にはおよそ適しそうにもない字がかなりまじっているが、これらは常用漢字の一部であって、人名専用として選ばれたわけではないのだから、しかたがない。なお、施行規則に括弧書き云々という注記があるのは、主に旧字体に関する議論を反映したものであるが、これを説明し出すと延々と紙幅を費やしてしまうので、本書では触れない。

一方、第二項の「別表第二」とは、改編された「人名用漢字別表」のことで、この人名専用のグループに新たに加わったのは、次の五四字である。

伍伶侑尭孟峻嵩嶺巴彬惇惟慧斐旦昂李栗楓槙汐洵洸渥瑛瑶璃甫皓眸矩碧笹緋翔脩苑茉莉萌萩蓉蕗虹諒赳迪遥遼霞頌駿鳩鷹

なお、従来の「人名用漢字別表」「人名用漢字追加表」にあった漢字の中には、『官報』に掲載された内閣告示の字体では、「当用漢字字体表」の字体との統一性が取れないものが含まれていた。「請」の「青」の部分が「青」と違うとか、「翠」の「羽」の部分が「羽」と違う、などである。それらは従来、法務省からの通達によって、両用の字体が認められるように処理されていたが、この問題もこの機会に整理・統一されることになった。

この「人名用漢字別表」は、戸籍法施行規則の「別表」である。もはや内閣訓令・告示ではない。今後、この「別表」の改正は、法務省のフリーハンドで行えることになったのである。

漢字と読みの関係

この時の民事行政審議会の答申の中で、触れておかなくてはならない点がもう一つある。それは、出生届には必ず名前の読み方を記載するとすべきかどうか、という問題についての答申である。

そもそも、戸籍には名前の読みを書く欄はない。したがって、出生届にもそのような欄はない。戸籍法は、戸籍上の名前について、用いることのできる漢字を制限しているが、その読み方については、制限どころか、全くの野放しなのである。一九六〇年代の後半から、漢字を当て字的、万葉がな的に用いた名前が増えてきた原因の一つは、ここにある。この状態を是正すべきかどうか。

この点について答申では、名前の読み方が客観的に明白になると便利だが、「無原則に読み方が登録されると、かえって混乱の生ずるおそれがあ」るという。

混乱を防ぐためにどの範囲の読み方が認められるかの基準を立てることは必ずしも容易ではなく、戸籍事務の管掌者においてその読み方の当否を適正に判断することには困難を伴うことが予想される。

ここにも、正字と誤字の判別のところで見たのと似たような論理構造が見られる。制限しようとすれば、必然的に、判断基準を立てなくてはならないのだ。正字と誤字の判別の場合は、判断基準を設けるためには制限を維持しなくてはならないというのが、戸籍実務家たちの主張であった。しかし、漢字と読みの関係については、彼らは、判断基準が容易には立てられないから、読み方の制限は無理で、だから出生届に読み方の欄を作るのはやめてくれ、と言ったのである。

出生届に読み方の欄がなくても、戸籍実務家たちはいっこうに困らない。逆にそんな欄があっては、めんどうな仕事が増えるだけだ。彼らは、徹頭徹尾、実務家だったのである。

妥協の産物

一九八一(昭和五六)年四月二八日、新聞各紙の朝刊は、人名用漢字に関する民事行政審議会の答申を、一斉に報じた。各紙は、いずれもこのニュースに数面にわたってスペースを割き、さまざまな角度から解説している。これは、人名用漢字史上、最大の扱いであった。世論の関心は高かったのである。

非公開で行われたその審議の経過に関して『毎日新聞』が伝えるところは、こうだ。

まず市町村の戸籍係実務関係者の組織の連合体である全国連合戸籍事務協議会が調査した戸籍実務からみた国民の希望する字種を土台に、民事行政審議会準備会の委員、幹事十三人にそれぞれの主観による人名にふさわしいと思う字種のアンケートを行い、第一回のアンケートで二百七十八字種があげられ、これをもとに第二回のアンケートで二百八字種に絞った。

この二百八字種について民事行政審議会委員の最終投票を行い、一字ごとに支持する委員が十二人を超えれば〝当選〟と決めた。

審議の雰囲気はどうだったのか。『読売新聞』は、その手がかりとなるある印象的な事件を伝えている。

「制限方式」維持を決めた五十四年五月の総会では、ある委員が、「仮に、人名漢字を千字増やしたにしても、千一番目の漢字は救済されない。国民の漢字使用の自由を制限するのは間違いだ」と主張したが、結局、多数のカベは厚く、以後、この委員は姿を現さなくなった。

答申直後の審議会のメンバーたちの気持ちをリアルに伝えているのは、『朝日新聞』である。

「徒労だった」「現実の前に理想が屈した」――二十七日、民事行政審議会(有泉《ありいずみ》亨《とおる》会長）は新しい人名漢字について答申したが、当の審議会委員から、こんなため息がもれる。漢字制限をめぐる考え方の相違が大きく、審議会としてはあまり例のない「挙手採決」という手段をとらざるを得なかったこと、それなのに結局は各委員の主張が値切られ、「妥協の産物」（法務省幹部）に終わったからだろう。

「常用漢字表」の答申の遅れが一因とはいえ、当初の予定の倍以上の二年三か月にも及んだ民事行政審議会の議論は、紛糾と、徒労と、妥協の産物だったのである。

実務的問題の力

この章では、人名用漢字が、文部省の問題から法務省の問題へと移行するようすを眺めてきた。「ことばの民主化」という観点からスタートした名付けの漢字制限は、目標であった漢字の封建的性格の追放がほぼ達成されたところで、いったんはその理由付けを失ったかのように見えた。しかし、文部省の問題としてはそうであっても、法務省の問題としては、人名用漢字という制度は、やはり必要だったのである。

「個性の時代」において、表現の自由を圧迫する漢字制限を続行することは、時代錯誤もはなはだしい。一般論としてはたしかにそうだ。しかし、個性がもっとも先鋭的に現れる名前の問題に限ってみたとき、個性を野放しにすることは、戸籍実務をあまりに煩雑にする。戸籍実務家たちがそこに歯止めをかけたいと願ったとしても、あながち身勝手なことではないだろう。先に紹介した、『戸籍時報』編集部による次の文章は、彼らがこのことを十分に意識していたことを伝えているのだろう。

当然、私たちは、漢字が二千やそこらしかないとは思ってはいない。表外の漢字を用いることで、言語生活が豊かになることも知らないではないし、否定するものではない。しかし、こと行政に関していえば、この「当用漢字表」の果たした役割を、まるでご用済の古新聞並みに扱うことには異議をとなえるものである。

多くの漢字を用いることが許される環境は、言語生活を豊かにする可能性を秘めている。しかし、それがある程度制限される方が好ましい分野だってあるのだ。

このことは、漢字には二つの側面があることを示しているように、私には思われる。ふつう、漢字と言えば国語であり、だから文部省の問題なのだ。けれどももう一方で、戸籍実務に代表されるようなきわめて実務的な側面を、漢字は持っている。文化や思想といったことばで表されるる性格と同時に、能率や技術といったことばで表さざるをえない性格を、漢字は持っているのだ。人名用漢字は、そのことを如実に表しているのである。

そのように相対立する二つの性格を、人名用漢字という一つの制度の中に盛り込もうとすれば、議論が紛糾するのは当然だ。そして、その解決のためには、多かれ少なかれ、お互いが妥協しなければならないのは、民主的な社会においては致し方のないことなのである。

「高度成長」が終わって、日本社会が、内部に抱えるさまざまな矛盾と向き合うことを余儀なくされ始めた、一九七〇年代。——漢字もまた、自己の内部に存在する二つの性格を、強く意識するようになっていたのである。

第三章　唯一無二性の波

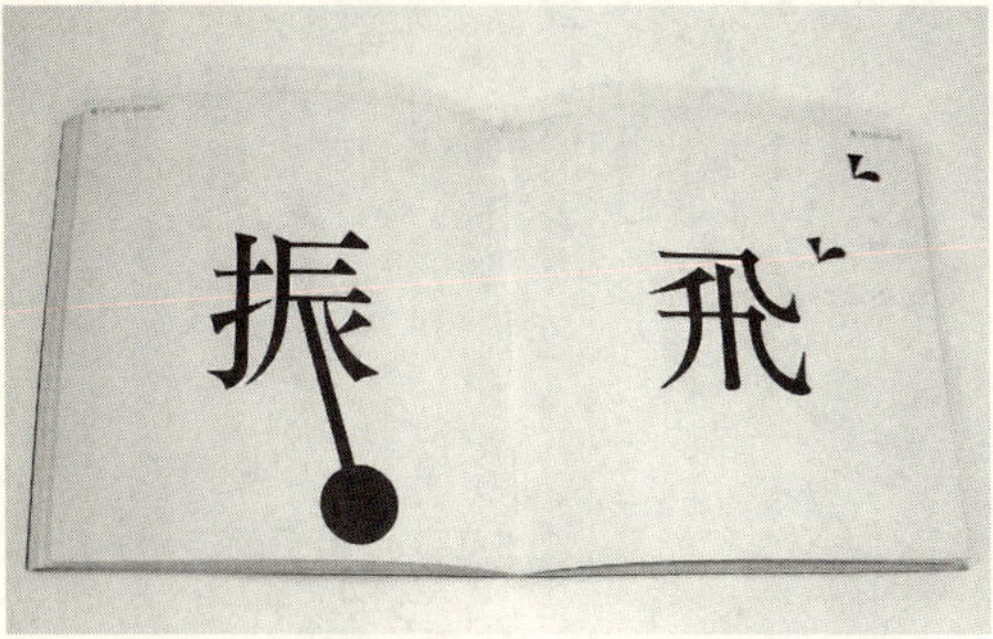

1972年に自費出版された，伊藤勝一『漢字の感字』．このころから，漢字を遊びの対象として捉える動きが目立つようになる．

1　国会での持久戦

暴走族と漢字

時は少しさかのぼって、一九七二(昭和四七)年――。六月一七日土曜日の深夜、富山市の駅前大通りには、一〇〇台以上の車やバイクに乗った若者が集まっていた。やがて彼らは、ある衝突事故をきっかけとして暴徒と化し、三〇〇〇人以上の見物人も巻き込んで、パトカーを壊し商店街を襲い始める。これが、「暴走族」なるものの存在を社会問題として広く認知させることになった、「富山事件」である。

車やバイクでツーリングを楽しむ若者たちが、集団として組織化され始めるのは、ちょうどこのころからだという。集団としてある程度成熟してくると、独自の名前を付けたくなるのは、人情というものだろう。かくして、暴走族のグループは、それぞれにオリジナルな名前を持つことになる。そうして、私たちもよく知っているように、彼らはなぜか、さまざまな漢字を用いた名前を好んだのである。

社会学者の佐藤郁哉《さとういくや》が一九八四(昭和五九)年に著した『暴走族のエスノグラフィー』の中か

ら、特徴的な漢字を用いた暴走族のグループ名を、いくつか拾ってみよう。「紅蜥蜴《べにとかげ》」「虎無羅《コブラ》」「魔風威夜《マフィア》」「流羅威《さすらい》」「紫悪《シャーク》」「影道《シャドー》」「妖貴妃《ようきひ》」「多蘭蝶羅《タランチユラ》」……。

こういった、暴走族たちのおどろおどろしいまでの漢字遣いは、一見、右翼の街宣カーに似ている。つまり、漢字の中に権威を求めていると見える。それが権力の側からではなく、民衆の側から発せられている点で、あの「封建的性格」の裏返しであるとも解釈できる。

しかし、前章の議論に従えば、一九七〇年代に入ったころには、漢字の「封建的性格」はもう人々にはそれほど意識されなくなっていたはずである。だとすれば、この漢字遣いにはまた別の理解の仕方があるのではないだろうか。

漢字とのたわむれ

暴走族たちが社会の前面を走り回り始めるのとちょうど同じころ、漢字の世界にも新しい動きが生じていた。一九七一（昭和四六）年一二月二五日付の『毎日新聞』夕刊に、「漢字のかんじ　レタリングの遊び」と題する記事が載っている。

文字の意味や感じを、視覚的におもしろく表現する〝あそび〟が、グラフィック・デザイナーやレタリング・デザイナーの間で最近起こってきたようだ。

この「あそび」の象徴的存在は、翌年、グラフィック・デザイナーの伊《い》藤《とう》勝《かつ》一《いち》が自費出版した『漢字の感字』という、意味やイメージを下敷きにしながら、漢字を自由にデフォルメした「感字」を集めた一冊である。同年九月五日付の『朝日新聞』朝刊によれば、同書は自費出版で一〇〇〇部印刷したが、予想外の反響があり、発売一か月で半分が売れたという。

漢字をより感覚的に捉えようという動きは、この時期、広告の世界にも見られる。一九七五(昭和五〇)年一一月九日付の『読売新聞』朝刊は、「日本語の現場 番外編」で、当用漢字以外の「わからない漢字」をあえて使う広告が増えていると報告している。また、一九七七(昭和五二)年一月二二日付『朝日新聞』朝刊の「感覚時代と漢字」と題する記事には、「このところ漢字強調の広告が目立つ」とある。

セーラー万年筆が中高生を対象に、「フィーリング漢字」と称する創作漢字を募集し始めたのは、一九七三(昭和四八)年のことである。同様の企画はほかにもある。一九七八(昭和五三)年には、出版社の学研が「誤字・当て字コンテスト」の開催を始めているし、写真植字機メーカーの写研が「創作当て字」を募集したのも、同じ年のことである。

「封建的性格」が姿を消していった一九七〇年代、日本人は、漢字とたわむれることを覚えたのではないだろうか。もちろん、漢字遊びそのものは、古来行われて来たものであって、格別目新しいものではない。しかし、それが一部の好事家の楽しみとしてだけではなく、広く一般社会に開放されたところに、この時期の漢字をめぐる状況の新しさがある。そして、暴走族たちのおどろおどろしい漢字遣いも、実はその一つの現れと理解できるのではないだろうか。

それからの人名用漢字

前章の最後に見た、一九八一(昭和五六)年の人名用漢字の第二次改定の背景には、いま述べたような漢字をめぐる状況の変化があったのだと思われる。漢字とたわむれるということは、漢字に慣れ親しむことにつながり、やがてそれは、一つ一つの漢字へのこだわりを生む。すなわち、漢字の唯一無二性の出番である。唯一無二性に後押しされて、人々が人名用漢字の拡大を求めるのは、自然のなりゆきなのだ。

一九八〇年代に入っても、唯一無二性の波は人名用漢字の裾野を洗い続ける。そして、ここで重要なことは、この時期の人名用漢字は、国語審議会=文部省と訣別してしまっていたということだ。法務省にとって、人名用漢字は制限されている必要はあるが、その数に固執する理由は、それほどない。しかも、いまや「人名用漢字別表」は戸籍法施行規則の一部であって、法務省が自由に改定できるのである。まわりの状勢を眺めて、いくらかの増加をすることが全体として利益になると判断すれば、法務省は進んで人名用漢字の改定に乗り出すのだ。

その結果、人名用漢字は、一九九〇(平成二)年の第三次改定、一九九七(平成九)年の第四次改定、そして二〇〇四(平成一六)年の第五次改定と、波状的に増加していくことになる。

それでは具体的に、法務省はどのような状勢を見ながら、人名用漢字の改定を是とする判断を下していったのだろうか。この問題意識を持ちつつ、まずは第三次改定へ至る道のりを見ていくことにしたい。それは、久しぶりに国会での論戦という形で幕を開けるのである。

常用平易な文字である必要はない!

第三次改定の始まりの鐘を鳴らしたのは、滝沢幸助《たきざわこうすけ》という一人の国会議員である。

日本の伝統を重んずる復古的な国家観の持ち主として知られた滝沢の名前が、人名用漢字問題の歴史の中に初めて記されるのは、一九八五(昭和六〇)年二月二五日、衆議院予算委員会でのことである。国会会議録によれば、この日、滝沢は教育改革の問題から質問を始めたが、その内容はやがて、一九八二(昭和五七)年以来、世論をにぎわしていた教科書問題へと移り、さらには国語審議会の国語政策批判へと転じていった。そして、国語政策が国民を苦しめている例として、人名用漢字問題を取り上げたのである。

「法務大臣、これは戸籍法五十条、平易な文字を使いなさいと言っている。何が平易な文字を使う必要があるのです。人様の名前です。何も大臣が一々書くわけじゃありません」

これまでの人名用漢字をめぐる議論では、名前は個人のものであるとともに社会的なものでもあり、常用平易な文字を用いることが望ましい、ということが前提となっていた。だから使用できる文字を制限すべきである、と展開していくのが制限維持派の議論であり、だからといって法律で制限するほどのことではない、それは命名者の良心に任せておけばよい、というのが制限撤廃派の議論であったのである。

しかし滝沢はここで、常用平易な文字を使う必要はない、と断言して、その前提を覆してしまった。名前は個人のものであり、大臣のものではない、というのである。

いきなりな展開である。引き合いに出された時の法務大臣、嶋崎均《しまさきひとし》も、ついていくのはたいへんだったに違いない。

国会議員と官僚の対決

滝沢のこの問題に対する出発点は、名前は徹底的に個人のものである、という思想であったように思われる。それゆえ、

「せめて戸籍ぐらいは、愛する子供のために一生の幸せを願ってつける名前です、自由につけさせていいじゃありませんか」

ということにもなるし、

「表現の自由ということを憲法は保障している。活字があるのに、昔から使われておるのに

法務省がこれを統制することはけしからぬことであります。一日も早くこれを撤廃していただきたい」

ということにもなる。しかし、彼のこの思想が、実務的にこの問題と取り組んで来た法務省や戸籍実務家たちの考えとは相容れないものであったのは、火を見るよりも明らかであった。

滝沢と実務派官僚との直接対決が行われたのは、四月一七日の衆議院文教委員会でのことであった。このとき、滝沢と相対したのは、時の法務省民事局第二課課長、細川清《ほそかわきよし》である。彼らの議論を、少し書き抜いてみよう。

滝沢「名前がむずかしいことによってどのような不便が具体的にありましたか」

細川「御本人自身がこれを書くのに非常に苦労されるという面もございますし、第三者、社会一般の方がその名前を聞かれて直ちに字にあらわすことができない、あるいは読むことがむずかしいことがございます」

滝沢「私は、名前がむずかしいために本人が、特に第三者が非常に不便をしたという例はほとんど聞かない。それに、名前を簡単な文字にしても名字は変えられないのでしょう」

細川「姓につきましては、これ以上むずかしい字の姓がふえるということはないわけでございます。これに対しまして、名の方は、非常にむずかしい字がつけられる可能性があるということでございます」

滝沢「漢字を制限して漢字の画数を少なくするような、常用漢字を用いるというような発想ではいかぬのです。そういう漢字を用いたって、読みがむずかしいということがあるでしょう。そういうことの方が不便なんだ」

以上は、会議録そのままではない。そのまま引用するとかなり長くなってしまうので、便宜上、私がかいつまんでまとめたものである。しかし、これだけでも、細川課長がかなり真剣に、滝沢幸助に反論していることは、おわかりいただけるであろう。

内閣への質問主意書

約一〇年前、中谷鉄也の質問に田代課長が答えたときのように、「国語審議会のほうにも御連絡して」というような逃げ道は、細川課長には残されていない。実務官僚としては、人名用漢字制限撤廃論に対して、かなりまともに対決せねばならぬようになっていたのであろう。

この対決に先立つ四月二日、滝沢幸助は、「戸籍法第五十条に関する質問主意書」を提出している。質問主意書を提出することは、国会法に定められた国会議員の権利であり、これに対する内閣の返答書は、国会における答弁と同じ効力を持つとされている。

時の首相は、自らを改憲論者と任じ、国家主義的性格の強いことで知られた中曾根《なかそね》康弘《やすひろ》であった。滝沢の頭の中には、中曾根に直訴することによって、人名用漢字の制限撤廃へ向けた道が開かれるのではないか、という読みがあったに違いない。しかし、その読みははずれたようだ。滝沢の国会答弁からすると、中曾根康弘名義での返答書の中には、滝沢が期待したようなことばは何一つ、書かれていなかったようである。

法務省民事局第二課長の正面からの反論と、内閣総理大臣の素っ気ない返答。――これらに象徴されるように、滝沢幸助の前途には、いばらの道が待っていたのである。

滝沢幸助語録

以後の滝沢の苦闘の跡を、箇条書き風にまとめてみよう。

一九八五(昭和六〇)年四月二四日、衆議院文教委員会。「いやしくも子供が生まれてくるときに、その一生の幸せを念じてその名をつけることは国民の権利と言ってもよろしいだろうと私は思うのです」

同年五月一五日、衆議院決算委員会。「制限することによって実益がなく、自由にすることによって実損がないならば、私は、昔のように、お父さん、お母さんが選んでくださった名前を素直に受け付けた方がいいのではないか、こう思うのですが、いかがですか」

同年一一月一五日、衆議院文教委員会。「文部省が常用漢字に切りかえたということは、一つの生活の目安であって決して制限するものではないと私は言っているわけです。しかるに、法務省は、これを厳然として一つの規則として固定化して、それ以外のものは一切排除するということは、両省の態度が合わぬじゃないか」

一九八六(昭和六一)年三月七日、衆議院予算委員会第二分科会。「何回その話をしたのですか。本人が不幸になんかなりません。自分の名前が難しくて不幸になったというような話は全然私は聞いたこともないし、そうならば家庭裁判所が変えてくれるんじゃありませんか」

同年一二月九日、衆議院法務委員会。「何か聞きましたら、六千字というのがコンピューターによってほとんど最低の線だというのですね。六千字まではコンピューターでちょんちょんちょんと受け付け可能になるのですよ。そうしたら三倍になりますからね。このぐらいのことは検討されていいのじゃないですか、いかがですか」

一九八七(昭和六二)年八月二五日、衆議院環境委員会。中曾根首相に対して、「いかがでしょう総理、漢字なんかもあるいはまた仮名遣いなんかも歴史を重んずるのが本当だろうと思うし、わけても赤ちゃんの名前ぐらいは自由につけさせてあげるだけの、これこそ雅量のある大海のごとき心を示してちょうだいしたいと思いますが、いかがでしょうか」

一九八八(昭和六三)年二月二九日、衆議院予算委員会。林田悠紀夫《はやしだゆきお》法務大臣に対して、「戸籍法改正の意思ありやなしや。一言で結構」

最後の質問に対する林田法務大臣の一言は、「今のところありません」であった。

ある日、突然

しかし、その日はまさしく突然やってきた。林田法務大臣が「今のところありません」と言ってからわずか九日後の三月九日、衆議院の予算委員会第二分科会で、滝沢はこれまで何度も繰り返してきた主張を、この日もまた、繰り返していた。

「常用漢字をも含めた意味での二千百十一字、この文字の範囲で名前を選びなさいという制度を全廃されて、名前は自由につけてよろしい、こういうぐあいにひとつ法改正されるお考えはありませんか、改めて質問させていただきます」

これに対して林田法務大臣は、次のように答えた。

「子の名に用いることのできる漢字の範囲につきましては、過去にも三回にわたりまして字種を追加して拡大をしてきたところでありまするが、今後も市町村、法務局などを通じまして国民の要望の把握に努めまして、社会情勢の変化に対応し、必要に応じて子の名に用いることができる漢字の見直しを行ってまいりたい、かように存じておりまするので、今後ともよろしく御指導をお願いいたします」

国会会議録によれば、滝沢はこの後も延々と、従来の自己の主張を述べ続けたようだ。そして、その末尾に、彼は再び言うのである。

「大臣自身の政治家としての判断と所信をお示しをちょうだいしたいと思います」

林田法務大臣の答えは、こうである。

「社会情勢の進展に応じ、また国民世論の動向を見ながらこれは検討しなければならぬ、かように存じます。先生のおっしゃるように、これは大いに検討いたしまして、努力をしてまいりたいと思います」

滝沢はまだ満足しない。

「重ねて、くどくて大変御苦労でありますが、これを前向きに検討される御用意ありやなしや、承りたいと思います」

「前向きに検討をいたします」

最初の質問から、九三年以上。滝沢は制限撤廃派であり、林田大臣の答弁は制限緩和にすぎなかったから、自分の主張が全面的に容認されたわけではない。そうではあっても、滝沢としては、ついに山を動かしたような気持ちであったに違いない。

九日間の不思議

それにしても不審なのは、林田法務大臣の挙動である。二月二九日にはあれほど冷淡であったのが、わずか九日間で、まったく正反対に転じたのである。その間に、いったい何があったというのだろうか。

滝沢の熱意に、林田が打たれたのだろうか。そういう側面もないとは言えないだろうが、その変化の急激さを考えると、まことに残念ながら、滝沢の熱意が果たした役割はあまり大きいとは言えないだろう。

林田が法務大臣を務める竹下内閣は、第三次中曾根内閣の後を受けて、一九八七(昭和六二)年一一月六日に成立している。それから約三か月。林田がこの問題についてあまり知識がなく、二月二九日の時点では、あのような返答しかできなかったのだ、ということはあり得るだろうか。仮にも大臣である。それはさすがにありそうには思えない。

これほどにはっきりと、黒から白へと方針転換をするからには、なんらかの積極的な理由付けがあったはずだと考えるのが、常識的というものだ。その具体的な理由付けについては、推測する以外に方法がないのだが、そのことを詮索する前に、その後の経過を見ていくことにしたい。

2 法務省、奮闘す

人名用漢字拡大に向けて動き出した法務省が最初に着手したのは、以前にも行ったように、全国の市町村の受付窓口を対象にして、希望の多い漢字の調査を行うことであった。この調査については、一九八八(昭和六三)年七月二三日の『読売新聞』朝刊が、「昂《すばる》人名漢字に追加が当確」という見出しの下に、やや詳しく報じている。

「昂」と「澪つくし」

調査は全国の市区町村の出生届の受付窓口を対象に、六十年一月一日から今年五月三十一日までの三年半の間に、人名用漢字以外の漢字で出生届に使われたり、使いたいと要望があった漢字を列挙させ、それを各都道府県の法務局ごとにまとめ、いくつの市区町村で届け出や要望があったかで順位を付けた。その結果、全国五十の法務局、地方法務局のうち、半数近い二十の局で「昂」が一位を占めた。

この記事では、「昂」のほかに希望の多い漢字として、「稀《まれ》」「澪《みお》」「栞《しおり》」「柚《ゆず》」が挙げられている。「昂」は、言わずと知れた谷村新司《たにむらしんじ》の一九八〇(昭和五五)年のヒット曲の影響であり、「澪」は、一九八五(昭和六〇)年、沢口靖子《さわぐちやすこ》主演で視聴率五〇％を超えたというNHKの朝の連続ドラマ「澪つくし」の影響であろう。

こういったそれぞれの字が候補となってくる理由を考えるのもおもしろいのであるが、私がここでこだわりたいのは、「六十年一月一日から今年五月三十一日までの三年半の間に」という部分である。

三年半の間に実際に受理された出生届に使われていた漢字を調査するのならば、おやすい御用である。しかし、ここで対象となっている漢字は、受理できない出生届に使われていたものである。それらは拒絶され、書き換えられて消えていったはずだ。いくら優秀な日本の官僚組織とはいえ、三年半も前に消えていった漢字を思い出せ、と言われて、はい、これこれでございます、と返答できるだろうか。

これが三年半前、つまり一九八五(昭和六〇)年一月一日からではなく、たとえば人名用漢字の第二次改定が施行された一九八一(昭和五六)年一〇月一日からであれば、話はわかる。法務省は、改定をきっかけに、国民の要望に耳を傾けるようになったのだ、と解釈できるからだ。

しかし、事実はそうではない

法務省は三年半前に、「人名用漢字以外の漢字で出生届に使われたり、使いたいと要望があった漢字」の記録を取っておくよう指示していた、と考えるのが、自然ではないだろうか。

誤字・俗字を訂正したい！

一九八八（昭和六三）年一二月二日、林田法務大臣は閣議後の記者会見で、人名用漢字見直しを民事行政審議会に諮問することを決めたと表明した。実際に諮問が行われたのは、年が代わって一九八九（平成元）年二月一三日のことである。年末に竹下内閣は改造されて林田は法務大臣を退き、新しく法務大臣となった長谷川峻《はせがわたかし》も、在任三日にしてリクルートからの政治献金問題が発覚して辞任、このときの法務大臣は高辻正己《たかつじまさみ》であった。

諮問の内容は、以下のように二点からなっていた。

戸籍法施行規則第六十条が改正されて以来相当期間経過したことに伴い同条の取扱いについて、及び戸籍に記載されている氏又は名の漢字（誤字・俗字）の取扱いについて意見を承りたい。

ここで触れられている二点目の「氏又は名の漢字（誤字・俗字）の取扱い」は、前章で見た正字誤字の判定の問題とよく似た問題である。ただし、その範囲はもう少し広い。

たとえば、私たちが一般に学校でならう「吉」の字は、上半分が「士《さむらい》」の形になっている。

しかし、世の中には、上半分が「土《つち》」の形になった「吉」という漢字を使った、たとえば「吉田」さんや「吉村」さんが存在している。この「吉」の字は、学校で習う「吉」の字の俗字である、と言われているのだ。そういった、学校で習う正字とは微妙に違った俗字や、もともとは誤りとされる誤字などを含む戸籍について、それをどうしたらよいか、というのが、この時、人名用漢字の見直しと並んで諮問された点だったのである。

この問題の陰には、実はあの全国連合戸籍事務協議会がいた。彼らは一九七八(昭和五三)年以来毎年、法務省に対して、本人の申し出がなくても職権により誤字・俗字の解消ができるよう、要望していたのである。彼らにとってこの問題は、一〇年来の宿願であったのだ。

戸籍実務家たちはなにゆえに、戸籍から誤字・俗字をなくしたいと思ったのだろうか。

すこぶる実務的な問題

名、つまり下の名前については、なんだかんだ言いながらも人名用漢字の制限が実施されている。いずれ、制限実施以前に生まれた人がいなくなる時代がくれば、誤字・俗字もなくなるはずだ。とすれば、この問題の焦点は氏、すなわち上の名前にあることになる。

戸籍上に記された上の名前から誤字・俗字がなくならなければいけない理由としてよく挙げられる第一の点は、たとえば運転免許証である。免許証を取ろうとするとき、提出書類に記した自分の名前の漢字が、戸籍上の名前の漢字と違っていれば、受け付けてもらえない。これは本人にとって不便である。そこで戸籍上の名前に使われている漢字をすべて正字にしてしまえば、そういう不便が解消されるというのだ。

この議論は、一応、筋が通っているように思われる。しかし、以前から、本人の申し出があれば誤字・俗字を訂正することは可能であった。不便であると思えば、本人が申し出るであろう。それに対して、戸籍実務家たちが要望しているのは、本人の申し出なしに職権によって誤字・俗字を訂正できるようにすることである。彼らには、本人の不便のみでない、別の理由があったに違いない。

それは、戸籍上に記された上の名前から誤字・俗字がなくならなければいけない理由としてよく挙げられる第二の点、すなわち、戸籍事務の処理をコンピュータ化する際に障害となる、という議論であった。

すこぶる実務的な問題が、ここでまた浮上してくるのである。

戸籍実務家たちの慧眼

漢字を含む日本語をコンピュータの上で処理したい。長い間、不可能のように思われていたこの願望にとって、一九七八(昭和五三)年は二つの理由で記念すべき年となった。一つは、日本規格協会が、漢字をコンピュータで扱う際にどうしても必要となる文字コードについて、統一規格を制定したことである。いわゆる「JIS漢字」の誕生である。文字コードが統一されたことは、今後、国家レベルで漢字のコンピュータ化が進むことを予感させた。

もう一つは、商業用日本語ワープロの第一号が開発されたことである。東芝から九月二六日に発表されたJW-10というそのワープロは、一台六三〇万円。大卒初任給が一〇万円前後であった時代である。今から考えれば途方もない金額であるが、ともかく、コンピュータによる漢字処理がいよいよ一般世間へと入り込んでいく里程標となったのである。

この同じ年に、全国連合戸籍事務協議会が、戸籍事務の将来のコンピュータ化をにらんで誤字・俗字の一掃運動を始めていたことは、注目に値する。当時、JIS漢字に収録されていた漢字の総数は、六三四九。ある程度の外字領域があるとはいえ、戸籍上で扱う漢字の範囲を制限しなくては、JIS漢字を用いて戸籍をコンピュータ化することはできないのだ。

俗字・誤字へのこだわり

先の「吉」の例のように、日本人の上の名前には、俗字・誤字が大量に含まれる。名前に使われる漢字の場合、厄介なのは、こういった字体の違いにこだわりを感じる人が多い、ということだ。

私が聞いた話では、ある地方に「土方《ひじかた》」さんという名家があるのだが、本家は「土方」、分家は「土方」と書いて区別するのだそうだ。先祖代々、こういう書き分けをしてきた人たちにしてみれば、「土」も「土」も俗字・誤字なのだからこの際「土」に統一しましょうと言われても、そう簡単にうなずけるものではないだろう。

こういったこだわりも、私に言わせれば、漢字の唯一無二性のなせるわざだ、ということになる。「土」と「土」は、読み方と意味は「土」と同じだ。しかし、字形が違うという事実の上に、歴史的に降り積もった本家と分家の区別というものが重なって、置き換えができなくなっているのである。こういった唯一無二性は、それを感じない人にとっては無意味でも、感じる人にとっては、切り捨てることができないのだ。ところが、それを尊重しようとして細かい字体の差異をすべて認めていくとなると、漢字の数は無限にふくれ上がっていくのだ。

戸籍が手書きであった時代はそれでもどうにかなった。しかし、コンピュータ化するためには、無限とも思える漢字を、なんとか一定数にまで押さえなくてはならないのだ。

ここで私たちは、滝沢幸助の「六千字まではコンピューターでちょんちょんと受け付け可能になるのですよ」というセリフを思い出すであろう。さらに「名前を簡単な文字にしても名字は変えられないのでしょう」ということばも思い出すであろう。さすが滝沢幸助、まさしくそのとおりである。戸籍のコンピュータ化を考えたとき、下の名前の漢字を制限することよりも、上の名前の漢字を制限することの方が、よほど重大な問題だったのだ。滝沢はあのとき、この問題に肉薄していたのである。

長いタイトルのレポート

法務省がこの問題に本格的に取り組みだしたのは、おそらく一九八五(昭和六〇)年ごろであったのではないかと想像される。この年、法務省民事局第二課は民事法務協会に委託して、戸籍事務をコンピュータ化するときの問題点を調査させた。その結果は、一九八六(昭和六一)年の雑誌『戸籍』に、「戸籍事務を電子情報処理組織により処理することとした場合の問題点等についての調査研究報告書について」という長々としたタイトルで発表されている。タイトルに劣らず本文も長大で、五〇九号(一九八六年七月)からの五回にわたって連載という形になった。

一九八六年、今度は漢字の取り扱いに絞った調査・研究が行われた。『戸籍』五二三号(一九八七年七月)から三回にわたって連載された、「戸籍事務を電子情報処理組織により処理することとした場合、電子情報処理組織に入出力する漢字の取扱い等についての調査研究報告書について」という、さらに長いタイトルのレポートがそれである。

この調査は、本籍人口一三万八五四〇人を擁する東京近郊のある都市「甲市」を対象に行われ、サンプル調査の結果、氏名に用いられている漢字のうち、ＪＩＳ規格以外の文字は三〇六一字、そのうち誤字・俗字は二七三四字と推定された。JIS規格以外にユーザが作成できる外字の数の上限が六〇〇〇から九〇〇〇であることを考えると、十分、対応できる数字である。しかし、もっと人口の多い自治体も日本には存在する。そしてもちろん、将来的には日本全国の戸籍を一つのデータベースにしたいのだ。そこで結論は、次のようになる。

　JIS規格以外の文字を使用する字種数の推定数のうち、同じ字種が相当重複していることとも考えられることを考慮すると甲市よりもある程度本籍人口数の多い市区においても漢字の処理については、十分対処可能であるものと考えられるところである。

　また、誤字・俗字を正字に訂正することをしょうれいすることにより、更に上記の可能性の範囲は広くなっていくことであろう。

アメとムチの政策

　この長大なタイトルのシリーズは、翌年以降も続くのであるが、このパート2が出た一九八七(昭和六二)年の時点で、漢字の処理に関してはおおむねの方向が出たと考えてよいであろう。

戸籍をコンピュータ化することによって、さまざまな事務処理の能率は飛躍的に向上する。

だから是非ともコンピュータ化は実現したい。そのためには、戸籍上で用いられる漢字を、JIS漢字と外字とを合わせた範囲に制限しなくてはならぬ。調査によれば、それはおおむね可能のようだ。しかし、完全に可能ならしめるために必要なのが、戸籍に記された上の名前に現れる誤字・俗字を、解消していくことだったのだ。

法務省がこういう結論を得ていく一九八五年から一九八七年という時期が、先に見た人名用漢字の追加希望調査の三年半とほぼ重なっているのは、興味深い事実である。戸籍のコンピュータ化にとって下の名前の問題は重要度が低いとはいえ、常に制限撤廃の動きがあることは百も承知している。万一、制限撤廃になった場合は、戸籍のコンピュータ化は不可能になってしまう。それに対処するために、法務省は、人名用漢字の制限緩和を予定に入れていたのだ、とは考えられないだろうか。

さらに言えば、誤字・俗字を職権で訂正できるようにするための代償として、人名用漢字の制限緩和という懐柔策が用意されていた可能性は高い。そう考えると、林田法務大臣のあの突然の方針転換も、本音は誤字・俗字の職権による訂正にあったのであり、実は予定されていたこととして説明がつく。

戸籍のコンピュータ化を実現するためには、唯一無二である漢字たちを制限しなければならない。――一九四八（昭和二三）年の戸籍法改正のときは、法務省の前身である司法省は、名付けの漢字制限にはあくまで受け身であった。しかしここへ来て、法務省はアメとムチの両方を用意して、自らの意志で、人名の漢字制限、とはいっても下の名前ではなく上の名前の漢字制限に、乗り出したのではないだろうか。

民事行政審議会の答申

一九八九（平成元）年二月一三日に諮問を受けた民事行政審議会が、それに対する答申を出したのは、翌年の一月一六日のことである。答申では、「人名用漢字別表」に次の一一八字が追加されることになった。

伎伽侃倖倭偲冶凌凜凪凱勁叡叶唄啄奎媛嬉宥峻嵐嵯巽彗彪恕
憧拳捷捺於旺昂晏晟晨暉曙朔杜柊柚柾栞梧椋椎椰椿楊榛槻樺
檀毬汀汰洲湧滉漱澪熙燎燦燿爽玖琳瑚瑳皐眉瞭碩秦稀稜竣笙
紬紘綜綸綺耀胡舜芹茄茅莞菖菫蒔蒼蓮蕉衿袈裟詢誼諄邑醇采
雛鞠颯魁鳳鴻鵬麟黎黛

また、誤字・俗字の取り扱いに対する答申は、次のようになっている。

一　戸籍に氏又は名が誤字又は俗字によって記載されている場合は、これをできる限り解消すべきである。

二　従前の戸籍に記載されている氏又は名を新たな戸籍に移記する場合において誤字又は俗字を解消するには、比較的多く用いられている俗字を解消するときを除き、本人の申出を要しないものとし、事前又は事後に本人にその旨を告知するものとする。なお、この場合においては、従前の戸籍の訂正を要しないものとする。

「新たな戸籍に移記する場合」とは、結婚や養子縁組などで新しい戸籍を作成する場合を指す。そのような機会を通じて、上の名前についても漢字制限を実施していこう、というわけである。

この答申を伝えた新聞各紙の報道を見ると、人名用漢字の拡大ばかりを大きく伝え、誤字・俗字の取り扱いについてはあまり伝えていない。国民の関心を反映していると言えばそれまでだが、法務省が懐柔策として人名用漢字の拡大を用意していたのだとすれば、その意図は見事に果たされたことになる。

だが、この話はここで終わりはしなかった。ここまでして実現したかった戸籍のコンピュータ化には、まだ越えなければならない障害があった。それは、戸籍法そのものの改正である。

法務省の誤算

戸籍法はそもそも、紙によって戸籍を作ることを前提としていた。たとえばその第七条には、「戸籍は、これをつづって帳簿とする」とある。コンピュータのデータをつづって帳簿とすることは、いくらなんでも不可能だ。戸籍法そのものをコンピュータ時代に合うように改正しないと、戸籍のコンピュータ化はできないのである。

この問題は、またまた民事行政審議会に諮問された。その答申を受けて法務省が戸籍法の改正案をまとめたのは、一九九四(平成六)年二月のことであった。このとき、法務省は戸籍法の改正と合わせて、戸籍をコンピュータ化する際に誤字・俗字をすべて職権で訂正してしまう、という方針を表明したのである。それまでは、新しい戸籍を作成する場合のみの強制訂正であったのに、今度はすべてを強制訂正する、というのである。全部で四五〇〇万件ある戸籍のうち、十数パーセントが対象になるという試算もあった。

これには反発が強かった。折しも、結婚したときに俗字を勝手に訂正されたなどとして争われていた裁判がいくつか結審し、その中には行政側が敗訴したものもあった。さらには、自民党を中心に国会議員が「行政の都合で勝手に名前を変えられるのはおかしい」と反発した。その結果、法務省は譲歩を余儀なくされたのである。

漢字の唯一無二性は、またしても逆襲を開始したのだ。

最初の譲歩は、漢和辞典に載っている俗字であれば認める、というものであった。しかしこれだけでは足りなかった。結局、本人がどうしてもいやだと主張する場合には、コンピュータ化せずに紙のままの戸籍を残す、ということになったのである。

強制訂正を拒否する人は、いったいどれくらいいるのだろうか。具体例を一つだけ見ておこう。一九九八(平成一〇)年六月三〇日付『西日本新聞』朝刊(長崎南)の記事である。

昨年五月から戸籍の電算化を進めている長崎市が、常用漢字などとは異なるいわゆる「誤字」で記載された戸籍名の市民約九千人に、「正字」への表記変更を通知したところ、このうちの二十九人が「個性が失われる」などとして電算処理を拒否。従来通りの表記で戸籍簿に残ることになった。

ちなみに、この記事によれば、長崎市の戸籍の総数は約一九万であるという。

挑戦の行方

その後、法務省の挑戦はどうなったのか。これまでもずいぶんお世話になった雑誌『戸籍』には、戸籍事務がコンピュータ化された市区町村のリストが定期的に掲載されている。そこからコンピュータ化済み市区町村の数を抜粋すると、次のようになる。

二〇〇〇年一二月三一日現在　五五一
二〇〇二年一二月三一日現在　一〇三七
二〇〇四年一二月三一日現在　一七六五

「平成の大合併」によって、市区町村の総数は年々減って来ていて、二〇〇四年末時点では三〇七四である。つまり、この時点で全国の市区町村の五七・四%が、戸籍のコンピュータ化を終えたことになる。

この数字をどう見ればよいのだろうか。法務省は健闘しているのか、苦戦しているのか。ただ、名付けの漢字制限が行われている限り、新しい漢字が戸籍上に加わることはありえない。とすれば、事実としては戸籍上の漢字は有限個しか存在しない。しかも、テクノロジーの進歩によって、コンピュータで扱える漢字の数は、今では飛躍的に増えているのだ。そう遠くない将来、戸籍の完全コンピュータ化は達成されるに違いない。

人名用漢字の第三次改定が議論された一九八五(昭和六〇)年から一九九〇(平成二)年までは、バブル景気の時期にほぼ相当している。その名のとおり泡沫夢幻であったとはいえ、日本の経済力が世界を席巻していた時期である。滝沢幸助の人名用漢字廃止論の中には、そういった国家的な自信の高まりを背景とした、復古主義の現れを見ることもできるかもしれない。

無限性との戦い

しかし、第三次改定の原動力となったのは、そのような主義主張ではなく、戸籍のコンピュータ化という、きわめて実務的な問題であった。漢字が持つ、能率とか技術とかいったことばと深く結びついた性格が、人名用漢字の改定を招来したのである。

前章の後半に見たように、「タイプの導入」と「正字誤字の判定」という実務的な問題は、以前から存在してはいた。しかし、その問題とこの問題との間には、決定的な相違がある。和文タイプの時代に念頭に置かれていた漢字の数は、二〇〇〇を少し超える程度であった。しかし、コンピュータ時代になって、その数は六〇〇〇以上になった。一般に、三〇〇〇の漢字があれば現代日本の日常語を九分九厘、書き表すことができるとされていることを考えると、両者の制限としての質の差は、一目瞭然であろう。

この新しい状況に応じて、人名用漢字が動き出したとき、そこに現れたのは漢字の無限性という問題であった。学問的には俗字・誤字とされる漢字でも、その一つ一つを唯一無二であると感じている個人が存在する。特に人名においては、その思い入れは顕著だ。ところが、「個性の時代」の原則に従ってそれを容認していくと、漢字の数は無限と言わざるをえないことになるのである。無限のものをコンピュータで扱うことは、むずかしい。

コンピュータという合理的、有限的なものの出現によって、漢字の総体としての無限性が、はっきりとその姿を現したのである。そのとき、漢字は六〇〇〇字とか一〇〇〇〇字などという、かつてないレベルでの制限問題と向き合うことになった。それは、漢字の唯一無二性に挑戦する、新たな時代の新たな論理であった。

しかしそこでも、唯一無二性は、簡単に引き下がることはなかったのである。

3　沖縄からの訴え

琉君の事件

さて、続いて話題にすべきは、第四次改定である。一九九七(平成九)年に起きたこの事件は、まだまだ記憶に新しいという方も多いであろう。それゆえに客観化するのは困難で、人名用漢字の歴史の中で、この事件をどう位置づけるべきなのかは、なかなかむずかしい問題である。

ただし、そのむずかしさは、時代的な新しさにばかり起因するものではない。第四次改定は、非常に特殊である。それは、いかなる審議会の審議も経ずして、きわめて短期間にたった一字だけの追加が決定されたという事実からも、よくわかるであろう。

事件はこの年の一月に始まる。この月、沖縄県に住むある夫婦の間に、長男が誕生した。夫婦はこの子に「琉《りゅう》」と名付け、二月に入ってから、出生届を出しに市役所の支所へと赴いた。しかしながら、この漢字は「常用漢字表」にも「人名用漢字別表」にも存在せず、出生届は受理されなかったのである。

両親は、再考するとして、いったん出生届を持ち帰ったものの、やはり「琉」と名付けたいとして、そのまま再度出生届を提出した。市役所側では、那覇地方法務局に伺いを立てた上で、その指示に従い、三月、この出生届を不受理とした。これに対して両親は「名前未定」として出生届を提出し、そのまま戸籍に記載がなされた。とりあえずではあるが、事態は一段落するかに思われた。

しかし、意外なところからひっかかりが生じた。父親が仕事の関係で、翌年四月から一年間の海外研修に出発することになったのである。家族は、三人で海外で暮らすべく、日本人としての身分証明であるパスポートの申請をした。ところが、名前が未定の長男に関しては、その人物の同一性を特定することが困難であるとして、パスポートの発行ができないとされてしまったのである。

この段階に至って、両親は「琉」の名を理由として出生届が受理されなかったことを不服として、七月、那覇家庭裁判所へ異議申立てをすることになった。

九州、全国、そして国会

この事件は、那覇家裁に持ち込まれて以後、全国的に注目を集めるようになっていくのだが、沖縄の戸籍関係者の間では、それ以前から有名であったようだ。早くも五月、沖縄県戸籍住民基本台帳事務協議会は、「琉」の字を人名用漢字に追加するよう、決議をしている。さらに八月五日、那覇市から九州連合戸籍事務協議会に対して、「人名用漢字に琉の字を加えるよう協議会として国に働きかけてほしい」と要望が出された。那覇市はこれと前後して、那覇地方法務局にも、人名用漢字にこの字が加わるまでの間、この字を名前に使用することを特別に認めて欲しい、と陳情したともいう。

運動はだんだんと全国規模になっていく。一〇月二一日になると、全国連合戸籍事務協議会の総会で、「琉」の字を人名用漢字に追加するよう要望することが決定された。そして一一月一三日、問題はついに国会質問にまで昇りつめる。この日開かれた参議院の法務委員会で、沖縄県選出の照屋《てるや》寛徳《かんとく》は、下稲葉《しもいなば》耕吉《こうきち》法務大臣に対して、次のように質問をした。

「私ども県民からすると、琉球の琉の字は常用平易な文字だというふうに考えておりますし、県民、国民から親しまれ認知をされておる、こういうふうに思うわけであります。それで、今大きな県民的な関心になっておりますこの琉の文字を人名用の漢字に追加することについて、大臣のお考えをお教えいただきたいと思います」

大臣の返答は、こうであった。

「私自身も、どういうふうな経緯で琉球の琉という字が人名漢字から落ちたか疑問に思うぐらいでございます。特に、沖縄の県民の皆様方には歴史的にも古い、何といいますか、お使いになっていた言葉でもあるし、日常生活の面においても格別親しみのある漢字、文字じゃなかろうかということで、私自身もその心情は十分理解しているつもりでございます」

あっという間に改定へ

法務大臣がこう述べたからには、家庭裁判所が妙な決定をするはずもない。その五日後、一一月一八日に那覇家裁は那覇市に対して、「琉」の字を使った出生届を受理するように命じる決定を出した。ただし、この決定は「那覇市長の本件処分が相当であるか否かの観点から個別具体的に検討」された結果であるという条件がついていた。いわば特例措置だったのである。

那覇家裁の決定に対する抗告は、一二月二日までを期限としていた。この日までに那覇市は、抗告をしないことを決定する。かくして一二月三日、「琉」の字を使った出生届は、晴れて受理されることとなったのである。

同じ日の『官報』で、法務省が戸籍法施行規則を改正して、「琉」を「人名用漢字別表」に追加することが公布された。これにより、「琉」の字を使った出生届の受理は、特例措置ではなく、正規の措置となった。事件の発端からわずか一年足らず。第四次改定は、まことにスピーディーな改定だったのである。

そのスピーディーさの理由は、この問題にかかわった人がみな、「琉」の字を人名用漢字に追加することに賛成であったことだろう。悪者はほとんど戸籍法施行規則だけであって、あとはみんなして、悪者をやっつけようとしているようにも見える。国会の論戦もなごやかなもので、対立の影など微塵もない。

その背景にはもちろん、前年あたりから米軍基地をめぐって大きく揺れていた、沖縄の社会的事情があったであろう。この事件が起こったのが沖縄ではなかったとすれば、おそらく、全国的な話題にすらならなかったに違いない。

そのことを見るために、同じ時期に起きた、人名用漢字をめぐるもう一つの事件を紹介しておくことにしよう。

注目されなかったもう一つの事件

一九九七(平成九)年三月二五日の『朝日新聞』名古屋版の夕刊に、「住民登録されず2歳」という記事が掲載されている。この記事によれば、三重県に住むある夫婦に、一九九五(平成七)年一月に次男が生まれた。夫婦はその子に「閃摩《せんま》」と名付け、出生届を提出した。しかし「閃」は人名用漢字ではなく、届け出は受理されなかったのである。夫婦は四月になって、津家庭裁判所に不服申立てをしたが、却下されてしまったという。

この子どもの場合、問題なのは、戸籍がないために住民登録も拒否されてしまっている点である。先の沖縄の事件の場合は、「名前未定」として戸籍に記載され、名を空欄として住民票が作成されているから、この点の扱いは自治体の判断によって分かれるのであろう。

町と交渉した結果、検診や児童手当は受給できるようになった。しかし、閃摩君が住民として登録されないと、進学、就職に影響しかねない。住民基本台帳に基づく選挙人資格、国民健康保険の被保険者資格の問題も生じる。

かなり深刻な未来予測である。一九五一(昭和二六)年の神奈川の事件のときは、配給が受けられず予防接種も受けられなかった。それほどではないにしろ、人権問題として十分捉え得る深刻さであろう。

しかし、この事件が世論の注目を浴びることはなかった。全国紙のコラムで取り上げられることもなかったし、国会で質問されることもなかったのである。この記事が出たのと同じ年の夏から秋にかけて、沖縄の事件はあれだけ話題になったのに、である。

二年半後、一九九九(平成一一)年の一一月五日の『朝日新聞』朝刊に、井田香奈子記者がこの事件の続報を紹介している。四歳になるこの子は、まだ戸籍がなく、住民票にも記載されていなかったようだ。「戸籍がないから、三歳未満の子どもを対象にした乳幼児医療費助成も受けられなかった」という。そして、この記事は、

再来年、閃摩君は小学校に入学する。両親はいずれ、閃摩君自身が戸籍がないことについて考えられる年齢になったとき、そのことを本人と話し合いたいと思っている。

と結ばれている。

政治的な問題

沖縄の事件と三重の事件とを比較してみると、人名用漢字の第四次改定が、非常に政治的なものであったことが、よくわかるであろう。人名用漢字が誕生する二年前の一九四九(昭和二四)年、中華人民共和国の成立により、アメリカのアジア政策は大きな転換を迫られ、日本もその防衛構想の一角を担っていくことになった。そのことが、敗戦直後の民主化路線の後退をもたらし、人名用漢字の誕生をめぐる物語にも影を落としていたことは、第一章で述べたとおりである。それから半世紀近くが過ぎ、人名用漢字は再び、アメリカの世界戦略のあおりを受けたのである。

この政治的な問題に、本書でこれまでたびたび触れて来た、漢字の唯一無二性が密接に関係

していることは、言うまでもないであろう。「琉」は、一般語彙としては「琉璃《るり》」という形でしかほとんど用いられず、宝石の一種の意味でしかない。しかし「琉球」の一部として長い期間にわたって用いられることによって、他の文字では置き換えることのできない性格が、この字には付与されていったのである。その性格がなかったとしたら、この時点で沖縄で起きた問題ではあっても、これほど大きな議論を呼ぶことはなかったであろう。

漢字は、ある漢字を他の文字では置き換えることができないという性格を持つことがある。そして、その唯一無二性は、名前の漢字において顕著に現れる。

このことを中心にして、私は本書の記述を進めてきた。考えてみれば、軍国主義の時代に漢字が持っていた封建的性格も、唯一無二性の一種といえるだろう。体制側がむずかしい漢字を多用したのは、ほかの文字表現では果たせない役割を期待したからであり、国民はそこに、自由に対する圧力を感じたのだ。

当用漢字による漢字制限は、その封建的性格を払拭しようという試みであった。その挑戦は成功した。しかし、封建的性格という色彩が取り払われた後、「個性の時代」を追い風に、漢字とたわむれ始めた国民の後押しを得て、漢字の唯一無二性は次第に力を強めていった。そしてその力を前にして、漢字制限は後退せざるを得なかったのだ。

代わって唯一無二性と対峙することになったのは、戸籍の実務処理という問題であった。ともすれば無限を志向しようとする唯一無二性を、実務問題はなんとか、有限に押し込めようとする。しかし、この対立は、有限性を主張する当のコンピュータ自身が、その処理能力を飛躍的に高めることによって、大きく緩和されていったのだった。

いま見たばかりの第四次改定では、この唯一無二性に、再び政治の色が塗られたのである。これは非常に特殊なケースなのかもしれない。しかし、漢字が唯一無二性を持つ限り、漢字はいつでも政治的な問題になり得る可能性を秘めているのだ。

このように見てくると、漢字というものが、国語という観点からだけでは捉えきれない性格を持っていることがよくわかる、と私は思う。

漢字は、いろいろな意味で、単なる文字ではないのである。

終章　曲がり角の向こうへ

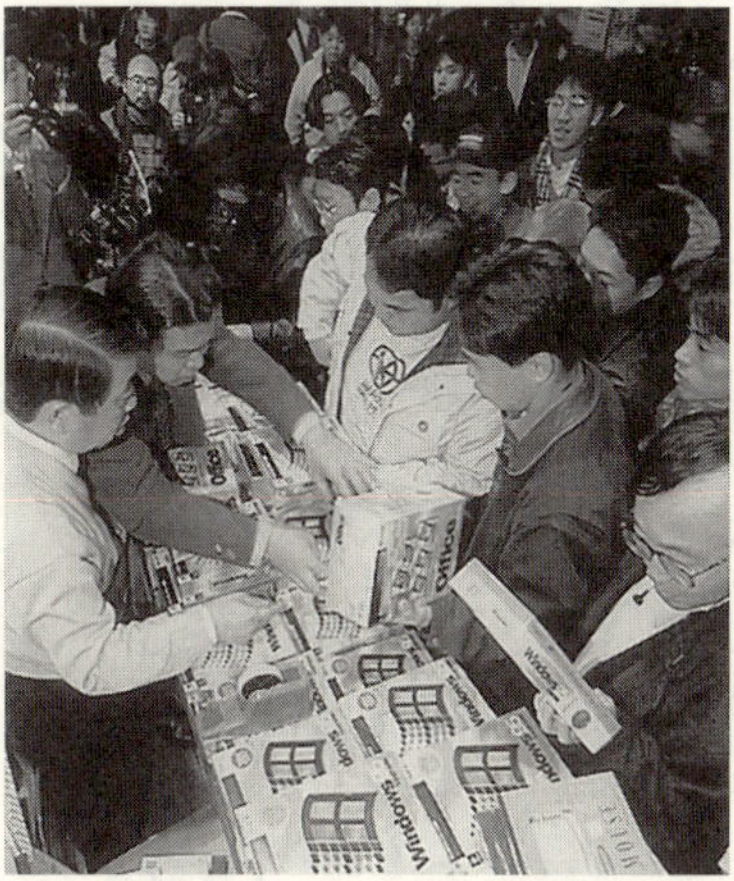

1995年11月の日本語版「ウィンドウズ95」発売当日，深夜，秋葉原電気街は熱気に包まれた．(毎日新聞社提供)

1 そして、二〇〇四年

署名活動とテレビ番組

二〇〇三年一月二一日、森山真弓《もりやまゆみ》法務大臣は、閣議後の記者会見で、突然、人名用漢字を改定する方針を表明して、世間を驚かせた。しかし、このとき私が一番驚いたのは、共同通信の次のような報道だった。

法務省幹部は「このうち人名用漢字をせめて倍増、できれば千字程度に増やしたい。俗字や誤字は従来通り認められないが、相当難解な漢字でなければ、要望のある漢字すべてを認める基本姿勢で検討したい」と話し、積極的に取り組む考えを示している。

第四次改定がなされた時点で、「人名用漢字別表」に収められた漢字の数は、二八五。それを「せめて倍増」というのだから、最低五七〇字に増やそうというのだ。これは画期的なことだ。多くの報道が、「抜本的改正」と伝えたことも、うなずける。

もちろん、森山法務大臣はなにもほんの出来心でこのような決定をしたわけではない。これに先立つこと約一か月半、前年の一二月三日付の『朝日新聞』大阪版夕刊には、「舵《かじ》」という名前の出生届を受理されなかった両親が、人名用漢字の改定を訴えて街頭で署名活動を繰り広げている、という記事が出ている。署名は三か月で二五〇〇を超えたという。

また、これと関連して、当時、テレビ東京系で放映されていた、みのもんた司会の「ジカダンパン!」という番組が、二〇〇二年一二月九日放映分で、人名用漢字の不条理を訴えたこともあった。このとき、パネラーとして出演していた渡辺喜美《わたなべよしみ》衆議院議員は、自分が森山大臣に直接頼んでみると約束している。私はこの番組を偶然見ていただけで、その後の動きはよく知らないが、そんなことも、森山大臣を動かしたのかもしれない。

不満を持った両親の訴えという、これまでたびたび人名用漢字を動かしてきた要素が、テレビ番組とそこに出演する政治家という、すこぶる今日的な要素と絡み合っているわけだ。ここに、今回の第五次改定の目新しさを見いだすこともできるだろう。

前代未聞の最高裁判決

このとき報道されていたスケジュールは、二〇〇三年の三月いっぱいで方針を固め、同年末には戸籍法施行規則を改正する、というものであった。ここで登場すべきなのは民事行政審議会であるが、すっかりおなじみのこの審議会は、残念なことにこのときには廃止されていて、法制審議会という名前の審議会に改組されてしまっていた。この法制審議会への諮問が春に行われて、秋に答申というスケジュールが予想されたのである。

ところが、法制審議会への諮問は、なかなか行われなかった。法務省は例によって全国の戸籍窓口で調査を行って約九〇〇字をリストアップしたというが、一方では、JISの第一・第二水準漢字六三五五字(一九八三年に四字、一九九〇年に二字追加)のほぼ全てを使えるようにしようという方針を唱える動きもあって、なかなか議論が進まなかったようだ。ちなみに後者だと、人名用漢字は約四〇〇〇字という、途方もない数になることになる。

ここでまた、裁判所が絡んでくる。ちょうどこのころ、北海道で、「曽」という字は人名には使えないという理由で、出生届が受理されないという事件があった。この親が不服申立てをした裁判で、二〇〇三年三月、札幌家庭裁判所はその申立てを認める決定を下したのである。それだけではない。札幌市の区長側が抗告して争われた札幌高等裁判所での審判でも、六月、抗告は棄却されてしまう。

不服申立てが高裁レベルで認められたのは、人名用漢字の歴史の中で、初めてのことであった。しかも、区長側がさらに抗告した最高裁判所でも、一二月二五日、なんと抗告は棄却されてしまったのだ。これは、人名用漢字にとって、前代未聞のことであった。

最高裁決定書の「要旨」には、使用が認められていない漢字を用いた出生届に関する不服申立てについて、

　家庭裁判所は、審判手続に提出された資料、公知の事実等に照らし、当該文字が社会通念上明らかに常用平易な文字と認められるときには、当該市町村長に対し、当該出生届の受理を命ずることができる。

と書いてある。これでは、「人名用漢字別表」があろうがなかろうが、家庭裁判所の判断で名付けに用いてよい漢字を決められることになる。この事態を受けて、法務省は人名用漢字の改定を急ぐことになった。森山真弓から替わった野沢太三《のざわだいぞう》法務大臣が、法制審議会への諮問を表明したのは、年が代わった二〇〇四年の一月二七日。実際に法制審議会が開かれて審議が始まったのは、二月一〇日のことであった。

人名用漢字見直し案

民事行政審議会が法制審議会へと改組されてよかったことの一つは、議事録が公開されるようになったことだ。公開されるまでに時間がかかるという難点がある

ものの、人名用漢字を再検討すべく設置された人名用漢字部会の議事録を読むと、白熱した議論が展開されたことが伝わってくる。

二月一〇日の後、四月二三日、五月一三日、同二八日と部会は重ねられた。その結果、六月一一日になって、全部で五七八字からなる「人名用漢字見直し案」が発表されることとなった。

本書で行ってきた記述のあり方からすれば、ここでその五七八字のリストを掲げるべきところだ。しかし、五七八という数字は、リストにするにはさすがに膨大すぎる。その全貌は巻末の資料を見ていただくとして、とりあえず、その最初の部分を掲げることにしておこう。

岡 誰 頁 頃 腫 俺 其 阪 此 薩 云 匂 菩 韓 芭 蓋 訊 腺 脇 陀 膝 袖 柏 腎 坐 枕 庵 顎 脊 卿 尻 犀 笠 腟 宋 椅 塞 厨 幡 叩 喉 撫 濡 嚀 斑 狙 逢 鼠 叢 曾 ……

この見直し案を見ると、これまでの改定に比して、かなり趣が違う印象を受ける。その一番の理由は、新聞各紙が報道したように、「腫瘍《しゆよう》」の「腫」や、「尻」「叩」といった、名前にはふさわしくないと思われる漢字が数多く含まれていることだろう。法務省側の説明によれば、それは、常用平易であるかどうかという見地からのみ検討されたことの結果なのだという。

名前にふさわしくない漢字は削除を！

続いて法務省は、この見直し案について、一般の国民から意見を募集した。このあたりの手続きは、時代が変わったものだとつくづく思う。素直に評価したい。この法務省の姿勢に答えた国民の意見の数は、一三〇八件に上ったという。ところがその大半は、「名前にはふさわしくないと思われる漢字を削除せよ」という主旨のものだったのである。

これは、法務省の予想外の事態であったのか、それとも、予想していたことだったのか。真意はわからぬが、この事態を受けて、法制審議会の人名用漢字部会は、七月二四日にまず「糞」「屍」「呪」「癌」など九字を、八月一三日にさらに「膿」「蔑」「尻」「骸」「嘘」など七九字を削除することを決めたのである（詳細は、巻末資料参照）。また、国民から要望のあった漢字として「掬」一字が見直し案に追加された。

なお、そもそもの発端となった「曽」は、二月二三日付ですでに人名用漢字に追加されており、その後、六月七日には「獅」が追加されていて、この二字は見直し案には最初から含まれていない。さらに七月一二日には、見直し案の中から「毘」「瀧」「駕」の三字が先行して追加された。いずれも、裁判関係の理由があるのだという。この時点で、人名用漢字は総計二九〇字となっており、見直し案の漢字は、結果として四八八字を数えることとなった。

九月八日に開かれた法制審議会の総会で、この四八八字を人名用漢字に追加するよう答申することが、可決された。また同時に、従来から使うことの認められていた異体字二〇五字も、この際、正式な人名用漢字に「昇格」されることになった。その結果、人名用漢字の数は、九八三字となった。

この新しい人名用漢字に関する戸籍法施行規則の改正は、九月二七日付の『官報』で公示され、同日、施行された。二〇〇四年の人名用漢字の改定は、こうして幕を下ろしたのである。

2　広がりゆく地平線

常用平易な漢字のパラドックス

以上に見てきた第五次改定をどう評価するかは、むずかしい。読者のみなさんもリアルタイムで目撃なさったことだろうから、それぞれ、いろいろな感想をお持ちだろう。そのリアルタイムさゆえに、ここまで歴史的に人名用漢字を眺めてきた本書としては、その評価は、みなさんにゆだねるのが賢明だと思う。

しかし私にも、第五次改定に関連して指摘しておきたい点がないわけではない。それは、ほかでもない、「常用平易な文字」とは何か、ということだ。
人名用漢字に不満を持つ親たちは、自分が命名に選んだ文字のことを「難しい漢字とは思わない」と口をそろえる。個人的にはそれでかまわないのだが、制度として客観的に考えなければならないとき、難しい漢字かどうかの判断の根拠を、どこに求めればよいのだろうか。最高裁決定はその点について、次のように述べている。

「曽」の字が古くから用いられており、平仮名の「そ」や片仮名の「ソ」は、いずれも「曽」の字から生まれたものであること、「曽」の字を構成要素とする常用漢字が五字もあり、いずれも常用平易な文字として施行規則六〇条に定められていること、「曽」の字を使う氏や地名が多く、国民に広く知られていることなど原審の判示した諸点にかんがみると、「曽」の字は、社会通念上明らかに常用平易な文字であるとした原審の判断は相当である。

古くから用いられている漢字は、いくらでもある。平仮名や片仮名のもとになったというのは、たかだか数十字程度にしかあてはまらない特殊な事情だ。常用漢字の構成要素である点も、見なれた漢字から構成要素を取り出したからといって、それが見なれたものであるとは限らない。「復」「腹」「複」「覆」の四つの常用漢字に共通する構成要素を、常用平易だと言う人は、あまりいないだろう。

そう考えてくると、結局、常用平易であることの基準の根本にあるのは、その漢字を用いた「氏や地名が多く、国民に広く知られていること」なのだと言えるだろう。これは、固有名詞で常用されている、と言い換えて差し支えない。

ここで私は、パラドックスに悩むのだ。今、直面している問題は、人の名前という固有名詞に用いることのできる「常用平易な文字」を、どうやって決定するかということだ。その答えとして、固有名詞で常用されているものは人の名前として常用平易である、という、同語反復が導かれてしまったのだ。

裁判所にたてつくつもりは、まったくない。ある漢字が常用平易であるかどうかの判断が、いかにむずかしいかを言いたいだけだ。

常用平易な漢字ランキング

そのむずかしさを念頭に置いて、今回の見直し案にもう一度、立ち戻ってみよう。あらためて、巻末の資料を参照してほしい。この案は、ある漢字が常用平易であるかどうかの観点のみから選ばれたものだという。その検討のために用いられた材料は、主に、書籍や雑誌に用いられる漢字の頻度数調査であるという。そして、見直し案の漢字の一覧表は、原則として、その頻度順に並べられているのである。

つまりこの表は、法制審議会が作り上げた、「常用平易な漢字ランキング表」なのだ。

最高裁の決定書には、「法五〇条一項は、単に、子の名に用いることのできる文字を常用平易な文字に限定する趣旨にとどまらず、常用平易な文字は子の名に用いることができる旨を定めたものというべきである」とある。つまり、常用平易な文字なのに子の名に用いることができないものがあるのは違法だ、というのだ。

だとすれば、常用平易である可能性のある漢字はできる限り人名に使えるようにしておかないと、またいつなんどき、最高裁に「違法だよ」と言われてしまうか、わからない。ところが、ある漢字が常用平易であるかどうかを客観的に判定するのは、至難のわざだ。結局は、国民の大半が見なれていると感じる漢字を、常用平易だと認定するしかない。そこで、書籍や雑誌に用いられる漢字の頻度数調査という、本来、人名とは関係のない資料が用いられたのではないだろうか。

エクストラ・セットからの変質

このことは、人名用漢字が、人名用ではなくなりつつあることを示しているのだと、私は思う。

そもそも、「当用漢字表」を作成した人々は、彼らが選んだ一八五〇字のことを「常用平易」だと思っていたはずだ。そして当用漢字という思想は、その一八五〇字以外の漢字の使用を制限したのである。だから、戸籍法第五〇条が子の名に用いることのできる文字を「常用平易な文字」に制限したとき、その具体的な内容は当用漢字であると考えて、なんら差し支えはなかったのだ。

しかし、現実はそうではなかった。国民が「常用平易」だと思う漢字は、当用漢字以外にも存在したのである。かくして、人名用漢字の出番となる。その誕生に際して人名用漢字は、名付け限定の、いわばエクストラな「常用平易な漢字」のセットとして出発したのであった。そこにあったのは、「これまで名付けによく使われてきた漢字は、常用平易として認めてもよい」という論理であった。

だが、一九七〇年代を境として改定が繰り返されていくあいだに、この論理は変質していく。人名用漢字を増大させてきたのは、常に、その漢字を使いたがっている国民が多いからという論理であった。それはつまり、他の漢字ではダメだという思い入れであり、漢字の唯一無二性であって、「常用平易」とは違うものだ。具体的に言えば、「昴」や「澪」は、ある特殊な使われ方によって唯一無二となったのであり、必ずしも常用平易ではなかったはずなのだ。

人名用漢字の拡大を後押ししてきたのは、一貫して、漢字の唯一無二性であった。その結果、人名用漢字は、当初の「常用平易な漢字」という論理とは無関係に、その外側へと逸脱したものとなったのだ。

ところが、二一世紀に入って、第五次改定の直接的な原因となった最高裁判決は、戸籍法五〇条の条文に立ち返ることによって、こういった人名用漢字の歴史を、いったんご破算にしてしまった。しかも、ここで見落としてはならないのは、人名用漢字誕生時の「これまで名付けによく使われてきた漢字は、常用平易として認めてもよい」という論理が、「常用平易な漢字であれば、名付けに用いて差し支えないはずだ」という論理へと、読み換えられている点である。それは、「常用平易であるにもかかわらず、名付けに用いることができない漢字がある」という問題意識がなければ、決して現れない論理なのだ。

この意識は、「常用平易な漢字」が、いつのまにか、その外にはみ出ていたはずの人名用漢字を飛び越えてしまっていたことを示している。人名用漢字の誕生から五十数年が経過した現在、私たちの「常用平易な漢字」の地平線は、かつてとは比べようもないくらい遠くまで広がっているのだ。そこに私は、漢字を取り巻く状況の根本的な変化があるのだと思う。

私は第二章で、一九七〇年代に人名用漢字の大きな分水嶺があると述べた。それは、高度成長を経てある程度の民主化を達成した日本社会が、「漢字制限＝民主化」という思想を必要としなくなったことから生まれたものだ、とも述べた。それに付け加えるなら、おそらく一九九〇年代の後半から、人名用漢字は二度目の大きな曲がり角を迎えているのだと思う。

その背景にあるのは、コンピュータとインターネットである。一九九五(平成七)年に発売されたマイクロソフト社の基本ソフト「ウィンドウズ95」をきっかけとして、コンピュータとインターネットは爆発的に国民生活の中に入り込んでいくことになった。よく言われることだが、コンピュータの普及によって、人々はそれまで書けなかった漢字を、いとも簡単に使うことができるようになった。そのことが、漢字の復権につながっているとも言われる。

漢字学者の阿辻哲次《あつじてつじ》は、このことに関して、『月刊しにか』二〇〇三年九月号に寄せた「パソコンと漢字の「ど忘れ」」と題する文章の中で、次のように述べている。

一億総表現者時代の到来

現代の日本人は以前にくらべて文章を書く機会が格段に増加した。それはコンピュータや携帯電話を使っての行為ではあるが、それにしても多くの人が、日本語を日常的に、なんの気負いもてらいもなく書くようになったことは、疑いもなく素晴らしいことだ。これほどたくさんの人が、日常生活で大量に文章を書くというのは、これまでの日本の文化史の中では未曾有の事態なのである。

インターネットと電子メールの普及によって、人々は、自分の考えていること、思っていることを、文字によって表現することを覚えたのだ。それまでほとんど手紙を書かず、要件は電話で済ませていた人々が、今では電子メールを多用する。一日に日本全体で、携帯電話も含めたメールとしてどれだけの数の文字が使用されているか、想像するだけで恐ろしくなるくらいだ。さらに、ホームページの普及、そして近年のブログの盛況は、それまで限られた人にしか許されなかった、新聞・雑誌・書籍などでしか実現できなかった自己表現を、あらゆる人々に開放したのである。一億総表現者時代の到来である。

その結果、人々が主体的に漢字に接する回数は、飛躍的に増えた。使う回数が、目にする回数が多ければ多いほど、それが「常用平易」に見えてくるのは、当然のことなのだ。

考えてみれば、一億総表現者時代とは、「だれにでも使いこなせる国語」の実現であるとも言える。敗戦直後、国語審議会に結集した人々が目指した理想郷が、ある意味、実現したのだ。

その夢のような時代に、彼らが選んだ一八五〇字以外に約一〇〇〇字もの漢字を、国民が「常用平易」だと感じているということを思うと、歴史という神の残酷さを見せつけられる思いがする。

常用漢字の再検討

人名用漢字の第五次改定があからさまに示したのは、国民にとっての「常用平易な漢字」の広がりであった。それは、本来、常用平易な漢字を定めているはずの「常用漢字表」に対する異議申立てにほかならない。

とすれば、二〇〇五年二月になって、かつての国語審議会の後身、文化審議会国語分科会が、「常用漢字表」見直しの方針を打ち出したことは、当然のことであったと言えるだろう。「当用漢字表」が「常用漢字表」へと改定されたとき、国語審議会から別れを告げられた人名用漢字が、四半世紀の歳月を経て、「常用漢字表」の見直しを迫ることになったのである。

それを恩返しと見るべきか、意趣返しと見るべきか。ここでも、歴史という神はいたずら者である。

「常用漢字表」を再検討する機会に、常用漢字と人名用漢字とを一本化しよう、という意見もある。しかし、これまで見てきた流れからすると、それはむずかしそうだ。「常用平易」という論理に基づく常用漢字と、唯一無二性によって常に拡大しようとする人名用漢字とは、その性格があまりにも違いすぎるからだ。

どんなものであれ、新しい常用漢字が「常用平易」なものであるならば、「常用平易な漢字は名付けに使っていいはずだ」という論理によって、自動的に名付けに用いることが許されるだろう。その瞬間から、個性的であろうとする命名者たちは、新しい常用漢字の外側に、自分だけの唯一無二の漢字を探し始めるに違いない。そういった命名者の数が増えていけば、やがてまた、新しい常用漢字の外側に、新しい人名用漢字を設けざるをえなくなるのだ。

新しい常用漢字の数が、いまの私たちからすると途方もないと感じられるほど多いものにならない限り、このいたちごっこは終わることはないだろう。

もう一つの漢字問題

人名用漢字の問題は、これまで、国語政策の一部としての漢字制限問題の、そのまた付属物としてしか扱われてこなかった。しかし私は、この問題にはそれ以上のものがあると思う。

本書の前半で眺めたように、国語審議会とともに歩んだ時期の人名用漢字は、当用漢字による漢字制限という思想の根幹、そしてその時代背景と深く結びついている。人名用漢字の成立とその変遷を論じることで、当用漢字の本質に斬り込む一つの視点が得られるという意味で、それは当用漢字の付属物以上のものだと言えるはずだ。

また、本書の後半で眺めたように、民事行政審議会・法制審議会とともに歩んだ時期の人名用漢字は、国語政策の外側にあった。そこには、「国語」という文化的なものとは別個に、能率や技術といったものと深い関わりを持つものとしての漢字の姿があった。それは、国語政策の一部として漢字問題を考えるときには、往々にして、抜け落ちてしまう視点ではないだろうか。

人名用漢字に対する評価として、「あれは漢字のことをよく知らない人たちが作った制度だ」という意見を聞くことが多い。人名用漢字が法務省主導であることへの批判であろう。確かに、法務官僚や戸籍実務家たちは、漢字の専門家ではないかもしれない。だが私は、人名用漢字は、それゆえに重要なのだと思う。

コンピュータ技術の発展の結果、驚くほど多くの「漢字のことをよく知らない人たち」が、パソコンや携帯を通して驚くほど多くの漢字体験を積み重ねていく。——これが、人名用漢字の歴史をたどってきた私たちが、現在目にしている光景である。漢字は、漢字のことをよく知っている人たちだけが使うものではないのだ。私たちが、これからの社会における漢字について考えようとするとき、この光景をしっかりと、胸に刻んでおく必要があるのではないだろうか。

この光景を目の当たりにしている限り、かつての当用漢字による漢字制限など、まったく馬鹿げた昔話のように思えてくるかもしれない。唯一無二の漢字たちは、コンピュータをも従えて、我が世の春を謳歌しているのだ、と。

唯一無二性の罠

だからといって、日本において漢字は不滅だ、と断言するつもりは、私にはない。

たとえば「曽」の字は、二一世紀初頭を生きる私たちにとって常用平易ではあるのだろうが、この漢字の意味を答えられる人が、どれだけいるのだろうか。漢詩・漢文の世界では「かつて」と読んで、それこそ常用平易であったことを覚えている人が、どれだけいるのだろうか。私たちのほとんどは、「曽」は「そ」と読む、ということしか知らない。「琉」の字だって、「琉球」の「琉」という言い方以外に、この漢字を説明できる人が、いったいどれだけいるのだろうか。

つまり、意味が欠落しているのだ。一般に漢字は表意文字であると言われる。それは、読み方とともに意味をも表す、ということだ。ところが、そのうちの一つ、意味が失われてしまった漢字が存在するのだ。そして重要なのは、それでも、他の文字では置き換えがたいというあの唯一無二性だけは持っているということだ。

名付けの漢字が、その意味に関係なく、当て字的、万葉がな的に用いられる傾向があることは、一九六〇年代にすでに指摘されていた。人名用漢字という名の「常用平易」な漢字の地平線が拡大するにつれて、その周縁部には、「曽」や「琉」のような、意味という衣を脱ぎ捨て、読み方と唯一無二性だけをまとった漢字が今後も増えていくに違いない。

思い出してみてほしい。「当用漢字表」を作成した国語審議会のメンバーの一人、中島健蔵は、軍国主義体制下で「芟除《さんじょ》」ということばに出会ったとき、意味はおろか読み方さえわからないようなことばなのに、いやむしろ、意味も読み方もわからないからこそ、「一瞬、血のにおいがした」とまで感じたのだ。

考えてみれば、唯一無二性とは、漢字自身が持っている性格ではない。漢字を使う私たちの意識の側に存在している性格なのだ。だとすれば、読み方と唯一無二性だけをまとった漢字とは、おそろしく空虚な漢字なのだ。

その空虚さの上に、だれかが再び、封建的性格という色付けをすることだって、ありえない話ではないのである。

資料・人名用漢字見直し案

第1水準

岡誰頁頃腫俺其阪此薩云匂菩韓芭蓋訊腺脇陀膝袖柏胥坐枕庵
顎脊卿尻犀笠腔宋椅塞厨幡叩喉撫濡噂斑狙逢鼠叢曾廻篇鍵狼
雀萱貌葛疹股馴斬腿撰潰蛋蘇痕註這梶詣爪覗瓦迦挨筑拶或播
貼膿而篠窟隙揃拭咽喋斯宛捉蹴稽喰呆雁淵膳嶋溜烏鞘柴鵜昧
蒙尖梁錐鍋柿凄魯喧乞讃杖肋蹟裳劉毘臥癌畠呪蒲吻謎摺歪餅
簾洩萎楚妖堵裾臼塵賭楕唾詮麓峯曄夷貰狐棲鷲崖紐儲鴨鱗盃
妬勃淫蔭帖祇頓汲惚苛梗堺溢醍醐吊淀仇醒謂琵隈袴琶嫉蜂菱
戚洛幌芥茨鋸姦釜牙蜜駕恰怨埼淋餌櫛叉捧肘悶馳粟埴瓜芯牡
怯髭蓬畏剃叱窺阜侶蓑桶糞廿槍寵峨巾鞍榊厭穿俣綻苔妾燕戴
辻狗汝蔑筈辿惹輿窪諺兎鞭樋磐勾諏徽冥詫娩晦莫憐樽牟煎禰
厩茸箸縞笈玩弄嘗遡垢纂窄襖蔓牢裡庇焚挫娼蕨勿溺廓牽漕藁

屑釘弛綴噌函罵荻讐碗杵饗爺肴槌忽昏殆吠畿茸賑榎鄭晒捻汎
僅芦栃梯湊贋悉蛙葡蟹仔膏廟迄糊羨疋蕎董曳柵堆駈撒姑蝦姥
壬輯遁疏燭堰甥壕歎竿桁螺串杭狽屍按閃煽俄楯劫禿蟻粥迂逗
栖瓢蜘挽樫蔽硯狸箔舵鎧挺痩兜蝕鞄套杷薙坦纏圃灼枇灸酎舷
掠轟牒鳶椀喃柘箕柑闇巷寓娃閏鷺砥倦櫓托哨灘些耽鱒宕竺傭
庚尤蕃爪秤蕩碓痔鋒乎誹萄斡卜錫戊珂蒐遜曝煉擢蛭鋳恢賂戟
頽籾沫瞥砦藺鍬湛斧萱捲搔跨佃蕪奄鼎脆撞瀕竪訣沓煤牝砧鰯
塙沌畢閤釧冨禽祁楢骸諦葦咳妓臆蹄瀧桔雫漣浬埜檎椛珊豹禾
湘桧侠哩祢孜樟娃（第1水準の漢字は出現順位の順に整理した。）

第2水準以下

煌絆遙橙萬曖刹檜巳涼蕾徠苺凜琥珀萠稟凰禮櫂實麒釉榮槙珈
堯圓惺昊逞梛羚晄驍俐頰囊嘘呑剝摑繫塡蟬禱萊蠟鷗倶蔣顚焔
簞醬繡

（二〇〇四年六月一一日、法制審議会）

注1　「第1水準」「第2水準」とあるのは、JIS漢字の第1・第2水準のことである。
注2　答申にあたって、「痩」は「瘦」に、「侠」は「俠」に、「梛」は「梛」に、それぞれ字体が変更された。
注3　以下の八八字は、答申では削除された。
癌呪淫姦怨糞妾屍痔（七月二四日削除分）
腫腺膝顎脊尻叩喉狙鼠疹股斬腿潰蛋痕覗膿咽呆乞歪洩萎塵
賭唾狐妬苛吊仇嫉餌悶怯髭剃叱厭綻狗蔑弄垢牢挫娼溺廓罵
讐爺吠贋蛙姑狽煽禿蟻蜘狸蝕噛蕩誹蛭賂掻脆牝骸咳妓嚢嘘
剝（八月一三日削除分）

主要参考文献

土岐善麿『国語と国字問題』(春秋社、一九四七)
中島健蔵『国語問題要領解説』(国語シリーズ4、一九五一)
※同書からの引用は、『覆刻文化庁国語シリーズ』(教育出版、一九七三)所収のものに拠った。
倉石武四郎『漢字の運命』(岩波新書、一九五二)
『国語審議会報告書』(一九五二〜一九九一、秀英出版・大蔵省印刷局・文化庁など)
※国語審議会総会の議事録からの引用は、同書に拠った。
中島健蔵『昭和時代』(岩波新書、一九五七)
鈴木孝夫『閉された言語・日本語の世界』(新潮選書、一九七五)
加藤一郎ほか編『判例・通達戸籍法』(第一法規出版、一九七五〜、加除式)
※裁判記録からの引用は、主に同書に拠った。
武部良明『日本語の表記』(角川小辞典29、一九七九)
井之口有一『明治以後の漢字政策』(日本学術振興会、一九八二)
佐藤郁哉『暴走族のエスノグラフィー』(新曜社、一九八四)

雑誌『戸籍』(テイハン、一九四九〜)
雑誌『戸籍時報』(日本加除出版、一九五八〜)
雑誌『言語生活』(筑摩書房、一九五一〜一九八八)
雑誌『月刊しにか』(大修館書店、一九九〇〜二〇〇四)

国立国会図書館「国会会議録検索システム」(http://kokkai.ndl.go.jp/)
※国会会議録からの引用は、このサイトのテキストデータに拠り、適宜、画像データを参照した。
法務省「審議会情報」(http://www.moj.go.jp/SHINGI/)
文化庁「国語施策情報システム」(http://www.bunka.go.jp/kokugo/)
国立国語研究所「ことばに関する新聞記事見出しデータベース」(http://www.kokken.go.jp/katsudo/kenkyu_jyo/sinbun/)
明治安田生命「生まれ年別の名前調査」(http://www.meijiyasuda.co.jp/profile/etc/ranking/)

なお、新聞からの引用は、主に国立国会図書館蔵の縮刷版・マイクロフィルムに拠った。また、戸籍法および戸籍法施行規則からの引用は、公布当時の『官報』に拠った。

あとがき

「お仕事はなんですか」と尋ねられて、「漢和辞典の編集担当をしています」と答えると、「天職ですね」と言われることがある。こんな名字をしているから、まるで字書を作るために生まれてきたみたいだ、というのだ。

でも、わが一族がみな字書を作っているわけではないし、私が漢和辞典の仕事をするようになったのも、単なる偶然でしかない。学生時代、中国史専攻とは名ばかりのダメ学生だった私は、漢字にまったく縁がなかったとは言わないが、将来、それをメシの種にすることになるなんて、想像すらしていなかったのだ。

そんな私が、漢和辞典の編集をするようになって実感したのは、「深入りは禁物」ということだった。ご存じのとおり、漢字の世界は奥が深い。専門の学者は、学問的興味から、その奥へ奥へと進んで行く。また、世間の漢字好きもその奥深さにはまり込む。しかし、業務として漢字の世界に付き合わなくてはならない漢和辞典編集者としては、あまり深入りすると、仕事が増えるばっかりで、家に帰って家族と夕食を食べることもできなくなるのだ。

それでもやはり、漢字の世界は奥が深い。その奥深さは、ローレライの歌声のごとく魅力的で、家庭を大事にする漢和辞典編集者をも引きずり込もうとする。一字一字の漢字が、「こだわりを持って私を見つめて!」と誘惑してくるのだ。

どうして漢字は、私たちに「こだわり」を要求するのだろう。

人名用漢字の歴史について何かが書けそうだ、と思い付いたとき、私はまだ、そのことについて語ることになるとは思っていなかった。単純に、人名用漢字の事件史がおもしろいと感じていただけだ。

しかし、図書館に通って資料を調べていくうちに、人名用漢字の歴史は、戦後六〇年の日本社会の歴史とその節々においてリンクしているのではないか、と思い始めた。そしてそのテーマが、日常業務の中で感じていた漢字一字一字が発する誘惑と、密接に絡んでくることに気が付き始めた。そして、何度も稿を改めていった結果、最終的にたどり着いたのが、「漢字の唯一無二性」という考え方だったのだ。

人名用漢字をテーマにするのならば、字体の問題や読み方の問題、そして何よりも名前そのものの変遷の問題など、取り上げなくてはならないテーマはもっと他にもあるだろう。しかし、私にとっては、唯一無二の漢字たちが戦後日本の社会と交響するようすの方が、それらの問題よりもはるかにおもしろかったのだ。

大げさに言えば、本書は、漢字の魅力に日々抗い続けるある漢和辞典編集者が、唯一無二性という性格を中心にして四苦八苦の末に書き上げた、戦後史における漢字の肖像なのである。

本書の出版にあたっては、多くの方にお世話になりました。特に、森田六朗さんと鳥飼浩二先生には、原稿段階でたいへんお世話になりました。そして、岩波書店編集局の増井元さんと、新書編集部の早坂ノゾミさんには、出版にあたって、数々の有益なご助言をいただくなど、ご親切に面倒をみていただきました。ありがとうございました。

最後になりましたが、印刷・製本から流通・販売に至るまで、この本に携わってくださったすべての方々と、この本を読んでくださるすべての読者のみなさまに感謝して、筆を置きます。

二〇〇五年六月

円満字二郎

円満字二郎
1967年兵庫県生まれ
1991年東京大学文学部東洋史学科卒業
現在—出版社勤務・漢和辞典編集担当
著書—『大人のための漢字力養成講座』(ベスト新書)

人名用漢字の戦後史　岩波新書(新赤版)957

2005年7月20日　第1刷発行

著者　円満字二郎《えんまんじじろう》

発行者　山口昭男

発行所　株式会社 岩波書店
〒101-8002 東京都千代田区一ツ橋2-5-5
案内 03-5210-4000　販売部 03-5210-4111
http://www.iwanami.co.jp/

新書編集部 03-5210-4054
http://www.iwanamishinsho.com/

印刷・三陽社　カバー・半七印刷　製本・中永製本

ISBN 4-00-430957-3　Printed in Japan

岩波新書創刊五十年、新版の発足に際して

　岩波新書は、一九三八年一一月に創刊された。その前年、日本軍部は日中戦争の全面化を強行し、国際社会の指弾を招いた。しかし、アジアに覇を求めた日本は、言論思想の統制をきびしくし、世界大戦への道を歩み始めていた。出版を通して学術と社会に貢献・尽力することを終始希いつづけた岩波書店創業者は、この時流に抗して、岩波新書を創刊した。

　創刊の辞は、道義の精神に則らない日本の行動に深く憂い、権勢に媚び偏狭に傾く風潮と他を排撃する騒慢な思想を戒め、批判的精神と良心的行動に拠る文化日本の躍進を求めての出発であると謳っている。このような創刊の意は、戦時下においても時勢に迎合しない豊かな文化的教養の書を刊行し続けることによって、多数の読者に迎えられた。戦争は惨澹たる内外の犠牲を伴って終わり、戦時下に一時休刊の止むなきにいたった岩波新書も、一九四九年、装を赤版から青版に転じて、刊行を開始した。新しい社会を形成する気運の中で、自立的精神の糧を提供することを願っての再出発であった。赤版は一〇一点、青版は一千点の刊行を数えた。

　一九七七年、岩波新書は、青版から黄版へ再び装を改めた。右の成果の上に、より一層の課題をこの叢書に課し、閉塞を排し、時代の精神を拓こうとする人々の要請に応えようとする新たな意欲につながるものであった。即ち、時代の様相は戦争直後とは全く一変し、国際的にも国内的にも大きな発展を遂げながらも、同時に混迷の度を深めて転換の時代を迎えたことを伝え、科学技術の発展と価値観の多元化は文明の意味が根本的に問い直される状況にあることを示していた。

　その根源的な問は、今日に及んで、いっそう深刻である。圧倒的な人々の希いと真摯な努力にもかかわらず、地球社会は核時代の恐怖から解放されず、各地に戦火は止まず、飢えと貧窮は放置され、差別は克服されず人権侵害はつづけられている。科学技術の発展は新しい大きな可能性を生み、一方では、人間の良心の動揺につながろうとする側面を持っている。溢れる情報によって、かえって人々の現実認識は混乱に陥り、ユートピアを喪いはじめている。わが国にあっては、いまなおアジア民衆の信を得ないばかりか、近年にいたって再び独善偏狭に傾く惧れのあることを否定できない。

　豊かにして勁い人間性に基づく文化の創出こそは、その根源的な問を解放する今日的意味を持つであろう。

　岩波新書が、その歩んできた同時代の現実にあって一貫して希い、目標としてきたところである。今日、その希いは最も切実である。岩波新書が創刊五十年・刊行点数一千五百点という画期を迎えて、三たび装を改めたのは、この切実な希いと、新世紀につながる時代に対応したいとするわれわれの自覚とによるものである。未来をになう若い世代の人々、現代社会に生きる男性・女性の読者、また創刊五十年の歴史を共に歩んできた経験豊かな年齢層の人々に、この叢書が一層の広がりをもって迎えられることを願って、初心に復し、飛躍を求めたいと思う。読者の皆様の御支持をねがってやまない。


（一九八八年一月）

岩波新書より

言語

横書き登場　屋名池誠
日本語の教室　大野晋
日本語練習帳　大野晋
日本語の起源〔新版〕　大野晋
日本語の文法を考える　大野晋
日本語をさかのぼる　大野晋
漢字と中国人　大島正二
仕事文をみがく　高橋昭男
仕事文の書き方　高橋昭男
伝わる英語表現法　長部三郎
日本人のための英語術　ピーター・フランクル
言語の興亡　R・M・W・ディクソン　大角翠訳
英語とわたし　岩波新書編集部編
中国現代ことば事情　丹藤佳紀
ことば散策　山田俊雄
日本人はなぜ英語ができないか　鈴木孝夫
教養としての言語学　鈴木孝夫

日本語と外国語　鈴木孝夫
ことばと文化　鈴木孝夫
心にとどく英語　M・ピーターセン
日本人の英語 正・続　M・ピーターセン
翻訳と日本の近代　丸山真男　加藤周一
日本語ウォッチング　井上史雄
日本語はおもしろい　柴田武
日本の方言　柴田武
言語学とは何か　田中克彦
ことばと国家　田中克彦
英語の感覚 上・下　大津栄一郎
中国語と近代日本　安藤彦太郎
日本語〔新版〕上・下　金田一春彦
✤
外国語上達法　千野栄一
記号論への招待　池上嘉彦
外国人とのコミュニケーション　J・V・ネウストプニー
翻訳語成立事情　柳父章
日本語はどう変わるか　樺島忠夫

✤
言語と社会　P・トラッドギル　土田滋訳
漢字　白川静
✤
ことわざの知恵　岩波書店辞典編集部編
ことばの道草　岩波書店辞典編集部編